中国历史读本

吴晗　主编

天地出版社 | TIANDI PRESS

目 录 CONTENTS

01

中国无产阶级的产生

　　中国的无产阶级和资产阶级，是在近代历史上新产生的两个互相关联又互相对立的阶级。它们从封建社会脱胎而来，伴随着近代机器工业在中国的出现而发生发展。但是，中国的资产阶级在19世纪70年代以后才开始出现，而中国的无产阶级却早在19世纪40年代就已经诞生了。

　　自从鸦片战争以后，中国逐步沦为半殖民地半封建社会。外国资本主义侵略者采用了军事的、政治的、经济的和文化的侵略压迫手段，剥夺中国人民的自由，吸吮中国人民的膏血。在各种侵略手段中间，其中重要的一个是在中国开办许多近代企业，以便直接利用中国的原料和廉价劳动力，在中国人民身上进行残酷的剥削和掠夺。外国资本主义在中国开办工厂企业，雇佣中国劳动人民做工，这些工人就成为中国最早的无产阶级。

　　外国资本主义最初在中国投资兴办企业，是在19世纪40年代。这个时代，各资本主义国家还没有发展到帝国主义阶段，它们的经济侵略以商品输出为主，它们在中国经营的近代企业，主要还是服务于商品倾销的目的。其中有为运输商品的航运业服务的船舶修造业、掠夺中国原料以后进行加工的一些加工工业（砖茶厂、缫丝厂、机器制糖厂等），以及其他的轻工业。

在这些企业里做工的，是那些被外国资本主义的剥削和本国封建阶级的搜刮而弄得别无出路的破产的农民和小手工业者。这些人在饥饿的鞭子驱使下变成了雇佣奴隶。据统计，到 1894 年（光绪二十年），外国资本经营的近代工厂企业有一百几十个，在这些企业中做工的中国工人约有三万四千人。

到 19 世纪末叶，世界资本主义逐渐发展到帝国主义阶段，它们的经济侵略也从以商品输出为主转变到以资本输出为主，因此帝国主义列强在中国开办了更多的工矿企业，在这些企业里也就吸收了更多的中国工人。

跟随在外国资本之后，到 19 世纪 60 年代，开始有中国人经营的采用机器的近代工业。但经营这些工业的却还不是资产阶级，而是封建统治阶级的一部分当权的官僚集团。这首先是曾国藩、李鸿章等所举办的军事工业，后来他们也办了一些近代民用工业。这些企业中，规模较大的有江南制造局、福州船政局、天津机器局和上海机器织布局等。在这些企业里产生了又一批中国早期的无产阶级，到 1894 年，在这些企业里工作的工人有二万数千人。

到了 19 世纪 70 年代，才开始有一部分商人、地主和官僚投资于新式工业，这些人逐渐转化成为近代中国早期的资产阶级。因此，从时间上说，中国资产阶级的产生要比无产阶级的产生晚

▲ 福建船政码头

一些。

　　在外国资本和封建官僚资本的企业里做工的工人，工资很低，劳动时间很长，一般工人每天要劳动十一小时或十二小时，最多的甚至达十八小时，而且这些企业还大量使用着女工和童工，剥削十分残酷。当民族资本出现后，资产阶级为了在外国资本和官僚资本的压迫下挣扎图存，也竭力向无产阶级进攻，加重对工人的剥削。因此，中国无产阶级一开始就身受外国资本主义、本国封建主义和民族资本主义的三重压迫，所以他们的革命性也最强。

（马金科）

洋务运动

　　在太平天国革命时期，封建统治阶级中的一部分人，为了镇压农民革命，采用西方资本主义的一些技术制造枪炮，武装反动军队。太平天国革命失败后，这一部分封建统治者进一步认识到，为了要保持封建主义的统治，必须更多地学习一点西方资本主义的物质文明，当时人们把这叫作"办洋务"，而这一部分统治者也就被称为"洋务派"。洋务派的主要人物有奕䜣、曾国藩、左宗棠、李鸿章、张之洞等，他们实际上是地主阶级当权派中最早带有买办倾向的一部分人。洋务派所进行的一些活动，在历史上就叫作"洋务运动"。"洋务运动"的实质，是要求在旧的封建统治的基础上，增加一些资本主义的皮毛，来稳定封建主义的统治地位，因此它的性质完全是反动的。

　　"洋务运动"大致可以分成三个阶段：

　　第一阶段从 1864 年太平天国革命失败到 19 世纪 70 年代初。

在这个阶段，洋务的重点集中在军事工业方面。洋务派先后办了江南制造局、金陵机器局、福州船政局、天津机器局等军事工业，制造新式武器，以便继续武装反动军队，大力镇压当时尚在坚持斗争的捻军和云南回民起义。但这些军事工业从设计施工、机器装备、生产技术一直到原料燃料的供应，完全都要依靠外国。而且经营管理混乱腐败，生产成本十分昂贵，连李鸿章自己也说："中国造船之银，倍于外洋购船之价。"生产出来的武器军舰，质量很坏，除了屠杀手无寸铁的老百姓，不可能用来应付任何外来侵略。

从 19 世纪 70 年代初期到中法战争（1883—1885）是"洋务运动"的第二阶段。这个时期外国侵略势力加紧了对中国的进攻，日本、英国、沙皇俄国、法国纷纷侵占中国的边疆地区。洋务派为了应付这种局势，直接向外国购置了许多枪炮，并先后向英、德、美、法购买大小舰艇数十艘，建立了北洋舰队。同时，为了筹集经费，培养洋务人才，还经营了一些采矿、运输、电报、教育等事业。当然，这些事业在技术、装备、原料等方面仍不能不依靠帝国主义。洋务派在进行这些活动时，标榜的口号是"求强"，但依靠帝国主义当然不可能真正使中国强盛起来。实际上，洋务派在对外交涉和对外战争中，一直采取妥协投降的方针，大量地出卖了中国的主权。

"洋务运动"的第三个阶段是从中法战争到中日甲午战争（1894）。在这个阶段中，洋务派把重点从"求强"转为"求富"。他们大力投资于纺织、铁路、炼钢等工业部门。李鸿章主办的上海织布局、华盛纱厂、漠河金矿、津榆铁路等，张之洞主办的汉阳铁厂、大冶铁矿、马鞍山煤矿等，都是在这个阶段中先后开办的

▲ 江南制造局炼钢厂

▲ 李鸿章在上海成立轮船招商局

▲ 训练中的北洋水师

主要企业。但也像"求强"的口号只是个虚假的幌子一样，洋务派的"求富"也并不是真正的求国家之富，而是求他们个人之富。这些工矿企业成为洋务派官僚发财致富的利源。

1894年，爆发了中日甲午战争。在战争中，洋务派大力经营的北洋舰队全军覆没。同时，他们经营的各种企业也因贪污腐败而奄奄一息。洋务派散布的"求强""求富"的神话幻灭了，他们的腐朽卖国的面目日益暴露，"洋务运动"也就此破产。

（马金科）

03

中国民族资产阶级

　　中国民族资本主义是在帝国主义和封建主义的重重压制和阻碍下艰难地生长起来的。

　　中国民族资本经营的近代工业，最早出现在19世纪70年代。但在整个70年代里创办的企业数目不多，而且规模也不大。到80年代，数目逐渐增多，除大部分仍是小型企业外，还出现了少数雇佣几百个工人的较大的工厂。一直到1894年甲午战争前，民族资本一共创办了一百多个大小不同的企业。这些企业，主要是缫丝、棉纺、印刷、面粉、造纸、火柴、船舶修造、机器修理等轻工业，另外也有一些新式的采矿工业。这些企业的投资都不大，大部分企业的资本都在白银十万两以下，最小的甚至只有几千两。

　　在中国民族资本主义产生时期所创办的这一百多个近代企业，发展过程中遇到了重重困难，有的倒闭，有的被外国资本并吞，有的虽勉强维持下来，但也奄奄一息，难以发展。

为什么出现这种情形呢？这是因为，民族资本在它的创业时期，就碰到了两个最大的障碍。

头一个大障碍就是外国资本主义。自从鸦片战争后，外国资本主义打开了中国的门户，它们凭借着种种特权，把商品大量地运到中国市场上来。以棉纱棉布为例：1872年（同治十一年）中国进口外国棉纱五万担，棉布一千二百多万匹；1885年（光绪十一年）增加为进口棉纱三十八万八千担，棉布一千五百多万匹；到1890年，进口棉布量虽仍和1885年差不多，但棉纱却激增到一百零八万二千担，比1872年增加了二十余倍。外国资本主义控制了中国的商品市场，就使中国的民族资本的生存和发展受到很大威胁。

外国资本主义不但向中国输入大量的商品，而且还直接在中国开设工厂，利用中国的廉价原料和劳动力剥削中国人民。它们资本雄厚、技术先进，又有封建统治者给它们种种特权和保护，弱小的民族工业当然很难和它们竞争。

很多的民族工业就是在外国资本的排挤和竞争下停业倒闭的。例如1893年（光绪十九年），重庆开了一个聚昌火柴厂，英商怡和洋行立即运几十箱火柴到重庆和它竞争。聚昌火柴厂要求政府加以干涉，但卖国的封建政府却蛮横地下令："不许华人在该处再开，不能禁止洋商贩运贸易。"又如福州的中国商人开了三个茶厂，想和沙皇俄国资本竞争，但到1891年（光绪十七年）后，三个茶厂在沙皇俄国资本的排挤下先后倒闭。

民族资本生长的第二个大障碍就是封建主义。建立在封建经济基础上的清朝政权，在鸦片战争后已逐步沦为一个半殖民地的政权。这个政权，对于外国资本给予了种种便利，对于民族资本却加以种种压制。外国商品输入中国，只要缴很轻的关税就可以通行无阻，但中国商品在自己国内运销，清朝政府却要征收极重的厘金税。各地的税卡星罗棋布，五步一关，十步一卡，每过一个关卡就要交税一次，全国有几千个这样的税卡，官吏可以任意勒索，成为束缚中国工商业发展的严重障碍。

封建政权不但通过税收迫害着民族工商业，而且还常常对民族工商业加以干涉、限制和禁阻。最突出的例子，如洋务派首领李鸿章创办上海机器织布局，为了独占利润，实行了对纺织业的封建垄断，规定十年之内，不准别人"另行建局"。在其他行业中，封建统治者也往往对民族资本做种种限制。

在外国资本主义和本国封建主义的重重阻碍下，中国民族资本的发展异常困难。为了生存和发展，它们又不得不转而依附外国资本主义和本国封建主义。民族资本的机器设备都要从外国进口，很多工矿企业都高价聘用外国技师，甚至有些企业的原料、燃料等都要从外国输入。不少企业中吸收和渗入了外国资本和"官股"。而且，大部分的民族资产阶级就是从买办和地主官僚转化而来的。这样，又使得中国的民族资产阶级与外国资本主义和本国封建主义存在着千丝万缕的联系。

（叶黄）

04

天津教案

　　外国侵略者在用军事、政治、经济等手段侵略中国的同时，为了麻醉中国人民的精神，摧毁中国人民的反抗意志，还加紧进行了文化侵略。"传教"就是外国资本主义进行文化侵略的一个重要手段。侵略者派了很多"传教士"，披着宗教外衣来到中国，一方面向中国人民灌输奴化思想，愚弄和毒化中国人民；另一方面他们也搜集情报，收买卖国贼，甚至霸占田产，包揽词讼，残杀良善，任意欺压中国人民。中国人民对于这些无恶不作的"传教士"恨之入骨，在19世纪下半期，曾经掀起过许多次反洋教斗争，天津教案就是其中著名的一次。

　　天津人民在第二次鸦片战争中曾遭到英法侵略联军的屠杀和蹂躏，战后十年间，又受尽了外国侵略者的欺压，新仇旧恨积压在心头。同治九年（1870），以教堂拐骗小孩为导火线，终于爆发了轰动中外的反侵略爱国斗争，一般称为"天津教案"。

1870年，天津破获了许多起拐骗小孩的案件，都和法国天主堂育婴堂有关。1870年6月21日，天津地方官到教堂查问拐骗小孩的罪犯王三，教堂中的法国侵略分子不仅隐藏罪犯，还向聚集教堂周围的群众挑衅，引起了冲突。法国驻天津领事丰大业，要求清朝三口通商大臣崇厚派兵镇压，崇厚也已照办，可是丰大业认为崇厚派兵太少，镇压不力，大为不满，手执双枪，怒气冲冲地跑到崇厚衙门，一见崇厚就叫嚷说："听说老百姓想要我的命，你先给我死！"接着就举枪向崇厚开火，未中，又在崇厚衙门大打出手。

丰大业侮辱和枪击中国官吏的消息很快传开，几千名愤怒的群众聚集街头。丰大业行凶未遂，在回领事馆途中，十分骄横嚣张，他的秘书西蒙挥舞着利剑在前开路，向群众挑衅。后来，当他们遇到天津县官刘杰时，丰大业不分青红皂白，开枪射击，打死刘杰的随从，同时西蒙也向群众开火。这时，群众已忍无可忍，一拥而上打死了丰大业和西蒙。接着鸣锣聚众，烧毁了法国在三岔河口的洋楼，即有名的"望海楼"，焚烧了英、法、美教堂，并打死无恶不作的法国教士十多人，其他国籍教士、商人七人。

来势迅猛的"天津教案"发生后，吓得侵略者坐卧不安，惶惶不可终日。法、英、美、俄、德、比、西七国，在中国人民反抗斗争的怒火面前，狼狈为奸，联合一起，一面对清政府施加外交压力，一面把英、美、法等国舰队集中至烟台与天津海口，对清政府进行战争恫吓。法国趁机提出无理条件，声称清政府如不接受，就要把天津变成焦土，态度十分蛮横。

清政府在洋大人的压力面前惊慌失措，立即派曾国藩到天津"查办"，办理结果还是向法国道歉、赔款，还把天津知府、知县等官员二十五人充军，并且随随便便把二十个无辜的老百姓处死，"以服洋人之心"。

（杨遵道）

05

中法战争

　　侵占越南并且以越南作为基地入侵中国，这是近代历史上法国历届资产阶级政府的一贯政策。

　　中越两国人民自古以来就结下了深厚的友谊。这种友谊，在法国侵略的威胁面前，在反侵略斗争的共同要求的基础上，使中越两国人民更加紧密地联系起来了。

　　19世纪60年代，法国侵占了越南南部后，马上把侵略的矛头指向越南北部和中国西南部。同治十二年（1873）底和光绪八年（1882）四月，法国对越南发动了两次武装进攻，妄想建立一个包括越南和中国西南地区的所谓"东方帝国"。英勇的越南人民对法国的武装侵略进行了坚决的斗争。同时，刘永福率领的广西农民起义军——黑旗军，应越南政府的要求，也和越南人民并肩作战，坚决抗击入侵的法军。在中越人民的打击下，法国的两个侵略军头子安邺和李维业在河内城边先后被击毙。

法国侵略者不甘心于自己的失败，蓄意扩大侵略战争，决心把战火烧到中国境内。这时清朝政府应越南政府之请，也派兵到越南。1883年（光绪九年）12月，法军在越南北部山西地区向清军和黑旗军联合防守的阵地发动进攻，开始了中法战争。

战争进行了一年多，在越南战场上，法国侵略军受到越南人民和黑旗军及清军官兵的英勇抵抗。法国政府为了呼应越南的战局，又派海军在中国沿海进行海盗式的骚扰。

到1885年3月底，越南战场的法国侵略军在越南和中国军民英勇的抗击之下，全线崩溃。在越南战场的东线，清军老将冯子材在镇南关（今友谊关）和谅山大败法军，势如破竹。和东线大捷的同时，越南战场的西线也频传捷报，黑旗军等在临洮痛打了法军，尤其是越南各地人民的抗法起义，风起云涌，更给法国侵略军以沉重的打击，出现了前所未有的有利形势。就在前线胜利进军声中，卖国投降的清政府和法国政府加紧谈判，最后竟在1885年6月9日签订了屈辱的投降条约。中法战争以后，中国的边疆危机更加深了。

为什么这次战争前线打了胜仗反而签订了屈辱的条约呢？最根本的原因在于清政府的反动和腐朽。

当时，清政府的统治机构已腐朽透顶，政治上十分反动，经济上千疮百孔，军事上也一团糟。1884年，在越南北宁、太原、兴化的清军不战而逃；1884年7月，福建官吏不采取任何抵抗行动，就让敌人的战舰开进了闽江，使中国海军遭到失败；1885年2月，广西巡抚潘鼎新在越南谅山的大溃退，几乎使法军长驱直入广西。这些都是在清政府投降路线指导下发生的事情。

当前线官兵违反投降派的意愿，在中国和越南人民支持下英勇抵抗，大败法军，获得镇南关和谅山的辉煌胜利时，清政府不是去扩大战果，反而把前线的胜利作为投降的资本，他们匆匆忙忙"借谅山一胜之威"，和法国侵略者签订了屈辱的条约。前线官兵用鲜血换来的胜利果实，就这样轻易地被葬送掉。

　　在整个战争过程中，英、美等帝国主义一直没有停止过诱降活动。他们一面装作公正之人进行"调停"，一面却供给法军燃料、军火、粮食，替法国修理船舰，供给法军军事情报和领水人员，甚至英、美的国旗成了法军的"遮凶布"，英、美等国的军舰和商船成了法国舰队的掩护物。当帝国主义看到它们的诱降和对法援助并不能阻止中国人民的胜利时，在中国当海关总税务司的英帝国主义分子赫德，就挺身而出，胁迫昏庸而腐败的清政府对法妥协，造成了"中国不败而败，法国不胜而胜"的局面。

06

中国工人阶级第一次
大规模的反帝斗争

　　在 1884 年中法战争中，中国工人阶级掀起了第一次大规模的反帝斗争，这次斗争，在中国工人运动史上写下了光辉的一页。

　　1884 年正当中国人民反对法国侵略的斗争激烈进行的时候，英国侵略者和法国串通一气，允许法国利用香港停泊和修理战船，补充军用物资。香港英国殖民当局这种袒护法国侵略者的罪恶活动，让中国人民无比愤怒，在香港的中国工人尤其不能容忍。1884 年 9 月 3 日，有一艘在侵略战争中受了伤的法国兵船"加利桑尼亚"号驶入香港船坞，打算进行修理。中国船舶修造工人坚决拒绝修理这艘屠杀中国人民的敌舰，并且立即举行罢工，从而揭开了这次反帝斗争的序幕。9 月 14 日，又有一艘法国水雷炮艇"阿塔兰特"号开进香港，这一次工人群众决定采取进一步的行动，乘机烧毁这艘强盗船只，吓得法国强盗连夜开船惊惶逃走。中国船舶修造工人的爱国行动，得到了香港其他各业工人的积极支持和热烈响应，他们广泛地展开了反对法国侵略者的斗争，搬运工人不给法国兵船运送燃料，民艇工人拒绝替法国商船起卸货物，就是在法国轮船公司做工的华工，也纷纷辞职，团结一致，共同对敌。香港英国殖民当局无理逮捕了十一名拒运法货的民艇工人，吊销了许多民艇执照。反动派这种高压手段，更加激起了工人的愤慨，罢工斗争越发如火燎原，到了 10 月 3 日，罢工斗争达到高潮，工人群众举行了一次规模空前的示威运动。这个时候，英国殖民当局出动全副武装的警察，向手无寸铁的示威群众开枪射击，当场杀害了一名工人，大批工人被逮捕。但是，中国工人阶级在敌人的进攻面前，没有被吓倒，没有被压服，他们继续高举反帝的旗帜，进行英勇不屈的斗争。10 月 5 日，东区的码头工人又计划举行示威游行；10 月 7 日，九龙区油麻地的工人进行示威运动。

这一次香港工人的罢工斗争，从 1884 年 9 月 3 日开始一直坚持到 10 月 7 日，前后共计 35 天，使整个香港陷于瘫痪，最后迫使英国殖民当局不得不低下头来，释放被捕的工人，宣布不干涉工人"不装法货"的正义行动，斗争取得了伟大的胜利。

（林敦奎）

07

甲午战争 《马关条约》

　　"甲午战争"是日本在美英资本主义的支持下发动的一次侵略中国的战争。

　　中国的东邻日本，原先也是个封建国家，受到西方资本主义国家的侵略。1868 年，日本发生了一场不彻底、不完全的资产阶级改革——"明治维新"，建立了地主和资产阶级的联合统治。明治维新后，日本的资本主义得到了比较迅速的发展，但封建势力并未彻底铲除，阶级关系十分紧张，农民和工人不断发动武装起义和罢工斗争。日本的统治阶级为了转移国内斗争的视线，为了扩大商品市场、掠夺原料和资金，便把对外扩张定为国策，把中国和朝鲜作为它侵略的目标。

　　这时，美国为了趁机在中国和朝鲜伸展自己的势力，英国为了利用日本的力量牵制垂涎中国东北已久的沙皇俄国，都在暗中支持和帮助日本对朝鲜和中国的侵略。

在这种情形下，日本政府千方百计地把自己的政治、经济和军事力量渗入朝鲜，同时积极寻找向中国挑衅的机会，以便掀起一场大规模的侵略战争。

1894 年 1 月，朝鲜农民发动了大规模的武装起义。朝鲜的封建统治者请求清政府出兵镇压。日本政府觉得这是趁机挑衅的大好机会，也假意竭力怂恿清政府出兵朝鲜。在清政府派叶志超率军入朝以后，日本政府又马上翻转脸来，借口清政府出兵，也派了许多军队侵入朝鲜，有意造成战争冲突的紧张局势。清政府建议中日两国军队同时撤出朝鲜，遭到日本的蛮横拒绝。在这种情况下，中朝两国人民一致要求出兵抵抗日本的侵略。但是，主持清政府外交的李鸿章对这些要求置之不理，而把希望寄托于英、俄等帝国主义的调停上，对日本步步退让。7 月 25 日，日本海军突然袭击护送陆军去朝鲜的中国海军。四天后，又向在朝鲜成欢驿的中国陆军发动进攻，挑起了中日战争。1894 年是旧历甲午年，所以这次战争叫中日甲午战争。

9 月 12 日，日本军队又进一步向朝鲜平壤发动了猛烈的攻击。协助守城的清军和朝鲜人民一道，进行了英勇的抵抗。防守北城玄武门的清将左宝贵战死，清军总指挥叶志超贪生怕死，命令他的军队从平壤撤退，并一口气逃回了中国。

接着在 9 月 17 日，清军北洋舰队在黄海海面上，与日本舰队发生了一场激烈的海战。战斗经历了五个小时，中国的海军士兵和一些爱国将领英勇奋战，打伤日舰多艘，并使日旗舰"松岛"号受了重伤，清军战舰损失五艘，最后日舰不敢恋战，向南退走。

10 月，日本侵略军把战火进一步烧向中国边境。一路从朝

▲ 日军占领旅顺

鲜北部渡鸭绿江；另一路从辽东半岛东岸登陆，进犯大连和旅顺。11 月 7 日，大连不战而失。接着日本又于 11 月 18 日向旅顺进兵。这里的清军守将接受了清政府的不抵抗命令，临阵脱逃，一些爱国官兵虽然进行了抵抗，但因没有后援，也失败了。

日本侵略军进入中国领土后，疯狂地杀害中国人民。旅顺市军民被杀得只剩下三十二人（后经考察生还八百余人）。侵略军野蛮、残暴的兽行，激起了辽东人民的极大愤怒，人民都起来和侵略军展开斗争。他们在斗争中发出豪言壮语："宁做中华断头鬼，不做倭寇屈膝人。"

日本进攻辽东半岛时，清政府仍不积极进行抵抗，却在美国的指使下无耻地进行求和活动。1895 年 1 月 20 日，日军在山东半岛登陆，先后攻下了威海卫南北两岸的炮台，形成了从海、陆两路对

▲《马关条约》的签订

威海卫（今山东省威海市）港内北洋舰队的包围。港内北洋舰队的爱国官兵，曾经几次要求出海抗敌，李鸿章为了保存他的实力，却下令不许舰只出港迎敌。舰队受包围时，官兵们不顾李鸿章的命令，进行了英勇的抵抗。但因力量薄弱以及舰上"洋员"和卖国分子的破坏，最后，北洋舰队被日本歼灭了。

　　中国人民和爱国士兵，在战争中进行了英勇的斗争，由于清政府采取了不抵抗的方针，致使中国的局势无法挽回。1895 年 3 月，清政府派李鸿章为代表，到日本马关（下关）进行谈判。4 月 17 日，签订了丧权辱国的《马关条约》。这个条约主要规定了：中国向日本赔款二亿两白银；割让中国大片领土，包括辽东半岛、台湾和澎湖列岛给日本；允许日本人在中国通商口岸自由开办工厂；开放沙市、重庆、苏州、杭州为商埠等。后来，俄、法、德三国从自己的侵略利益出发，不甘心让日本独自占领辽东半岛，进行干涉，结果，中国以白银三千万两向日本"赎回"辽东半岛。

（余西文）

邓世昌

中日甲午战争中，中国人民为了抗击日本侵略者，曾经进行了英勇的斗争。广大劳动人民和清军士兵，以及一部分爱国将领，在凶恶残暴的民族敌人面前，奋不顾身，顽强战斗，写下了很多可歌可泣、气壮山河的光辉篇章。邓世昌就是在甲午战争中慷慨殉国的一位民族英雄。

▲ 邓世昌像

邓世昌在1849年（一说1855年）出生在广东省的番禺县（今广州市番禺区）。广东是和外国资本主义侵略势力接触最早的地区，也是中国人民最先进行反帝斗争的重要地区。年幼的邓世昌，在这样的环境里生长，亲眼看到了外国侵略者的强暴、国家民族的苦难，以及人民群众英勇的反侵略斗争。所有这些，不但给他留下了深刻的印象，而且使他从小便痛恨外国侵略者，萌生着爱国思想。邓世昌刚满十四岁，就抱着学好本领、反抗外国侵略的志愿，考进了福州船政学堂。他发愤苦读，成为这个学校成绩优秀的学生。

从福州船政学堂毕业后，邓世昌在北洋水师的舰队里工作，历任"振威""扬威""致远"等舰的管带（舰长）。他治军严整、办事认真，并刻苦钻研海军业务，在当时腐败的北洋水师中可以说是凤毛麟角。1887年（光绪十三年），邓世昌奉派到英德接收新舰"致远""靖远""经远""来远"等回国。在归航途中，他不畏险阻，不怕惊涛骇浪，抓紧时间，指挥这些新舰进行实地演习，使全体将士受到了一次很好的锻炼。

1894年，日本帝国主义在美国的支持下发动了侵略朝鲜和中国的战争，邓世昌积极地投入反帝斗争的伟大行列，站在抗日战争的最前线，领导士兵，挥戈杀敌。

1894年9月17日，中国北洋舰队在黄海突然遭到日本舰队的袭击，双方展开了激烈的海战。在敌人的进攻面前，中国舰队的大部分官兵，临危不惧，沉着应战，狠狠地打击敌人，使日本旗舰"松岛"等三艘受了重伤。特别是在邓世昌指挥下的"致远"舰的全体官兵，在战斗中表现得格外英勇。"致远"舰在几小时的浴血苦战中，不幸中弹受伤，船身倾斜，弹药将尽。在这样的情况下，邓世昌激励兵士，大声疾呼："我们从军卫国，生死早已置之度外。现在情况十分危急，今天正是我们为祖国牺牲的时候了！我们虽然

▲ 甲午海战战场

牺牲了，但可以壮国家的声威，也就达到了报国的目的！"他看到全舰士兵都同心同德，就下令"致远"舰开足马力，向敌人最凶猛的先锋舰"吉野"猛撞，准备和他们同归于尽。但不幸的是，"致远"中途被敌人的鱼雷击中，他们的壮志未遂，全舰二百五十人都壮烈地为国牺牲。

据记载说，"致远"沉船时，邓世昌坠入水中，还大呼"杀敌"不绝。还有的记载说邓世昌入水后，曾被他的一个随从救了起来，但邓世昌看到全船战士都沉没了，他自己也"义不独生"，又重新跳入海中。

（林敦奎）

09

不怕倭寇来，只怕中堂反

甲午战争期间，在广大的劳动人民和一部分爱国的知识分子中间，广泛地流传着两句歌谣："不怕倭寇来，只怕中堂反。"这两句民谣中，"倭寇"是指日本侵略强盗，"中堂"是指当时清政府军事和外交的实际负责人、直隶总督兼北洋大臣李鸿章，"反"是反叛祖国的意思。这个民谣，表示了中国人民对于以李鸿章为代表的封建统治者妥协投降、破坏抗战、叛卖祖国的罪恶行为的巨大愤怒和深刻讽刺。

以李鸿章为代表的封建统治者，在整个甲午战争期间，自始至终采取着妥协投降的方针。

战争爆发之前，日本的侵略野心就已明目张胆地暴露出来了。面对着严重的民族危机，全国人民同声要求清政府积极备战，抵御侵略。但李鸿章却竭力宣传中国军力武器不如日本，陆军兵力空虚，"海上交锋"又"恐非胜算"，所以根本就不能抵抗。李鸿章用这种宣传，灭中国的志气，长敌人的威风。在这种论调下，他不但不积极备战，反而把全部精力集中在乞求帝国主义的"调停"上。他先后向美、英、法等国请托，要求他们劝告日本不要发动战争。同时，他又游说和日本有矛盾、企图侵占中国东北地区的沙皇俄国，可耻地想利用沙皇俄国的力量去牵制日本。美、英、法等国本

▲ 李鸿章像

来就是支持日本侵略中国的，他们一面假意对中国表示"同情"，一面又在表面上宣布要"严守中立"，实际上是一方面敷衍中国，一方面怂恿日本。沙皇俄国见整个形势如此，也就宣布"中立"了。

依靠帝国主义"调停"的幻想破灭了，李鸿章又把希望寄托在说服日本侵略者的首脑人物身上。他打电报给日本首相伊藤博文，称赞他是"明大局"的人，请求他不要和中国"绝交动兵，以致掣动大局"。对于侵略者越是乞求退让，就越是鼓励了他们的侵略野心，日本统治者在李鸿章卑躬屈膝的请求下，更加积极地做发动侵略战争的准备。

李鸿章对于帝国主义是百般摇尾乞怜，对于爱国人民和士兵则是多方压制、束缚，他一再告诫军队不准"多事""不要妄动"，

并说："只要我们不先开枪，仗就不会打起来。日本是不敢先动手的，如果他们先开仗，就会违反万国公例，引起各国公愤！"

但是日本侵略者却不管什么"万国公例"，1894 年 7 月 25 日，他们不宣而战，首先挑起了战火。

在日本军队的无理进攻面前，李鸿章仍然不准爱国军民进行抗战。当时的海军提督丁汝昌在激昂的士气鼓舞下要求海军出海迎战，李鸿章却蛮横地说："现在我用你不着。将来等到日本和俄国发生战争，再让你的舰队开出去观战，长长胆识。"他命令中国海军只准在渤海湾内活动，说什么这样可以"作猛虎在山之势"。

封建统治阶级对帝国主义的屈膝退让，并不能避开这场战争，战火越烧越大，清政府被迫于 1894 年 8 月 1 日正式宣战。但李鸿章在被迫迎战时，仍采取消极抵抗的方针。在他的妥协投降的方针之下，军队也不能得到很好的补给，弹药不全，粮饷不足。指挥军队的将领又大部分是李鸿章的亲信，他们坚决执行李鸿章的方针，有的甚至临阵脱逃，不战而溃。虽然有少数爱国将领和广大军民进行了英勇的抵抗，但战事仍然节节失利。

前线的失利使得清政府的投降活动更加活跃起来。美国为加强对清政府的影响并讨好日本，愿意充当中日之间的唯一联系人，力图操纵和议。

1895 年初，在美国的指使下，清政府果然派了两个"议和大臣"前往日本，但日本政府嫌这两个人的地位（**卖国资格**）和经验（**卖国技能**）太差，拒绝接待，并指名要卖国老手李鸿章为议和的全权大臣，才能谈判。清政府赶快满足了日本侵略者的要求，派李鸿章前往日本谈判。

李鸿章果然不负侵略者的"期望"。在谈判过程中，李鸿章在侵略者的蛮横要挟之下，签订了《马关条约》，出卖了大量中国的主权和领土。

　　《马关条约》签订后，遭到了全国人民的反对，人们纷纷痛骂李鸿章是"卖国贼"，要求严办李鸿章，很多爱国人民甚至表示"恨不能食中堂肉"。李鸿章完成了卖国勾当后，不敢回到北京，借口养病，在天津躲了起来。但他还怕《马关条约》因为全国人民反对而不批准，所以他又竭力催促清朝皇帝赶快签字用印，还无耻地宣传卖国的奇谈怪论，说"日本素来愿意东方常保太平，这次和中国交战，也是为了立太平之基"；同时威胁说，假使不赶快批准《马关条约》，恐怕战祸仍难避免。

（官明）

10

台湾人民的抗日斗争

　　《马关条约》签订后，割让台湾的消息传了出来。台湾人民个个都非常悲愤。1895 年 4 月 20 日（《马关条约》签订后三天），台北人民鸣锣罢市，表示反对日本侵占台湾和清政府的投降卖国。他们还发誓："宁愿人人战死，也决不愿意拱手把台湾让给日本。"

　　这时，台南的守将正是当年在中法战争中打败过法国侵略军的黑旗军将领刘永福。他听到清政府出卖祖国的领土后，非常气愤，决心和台湾人民一道，奋起抵抗日本的侵略。台湾人民热烈拥护刘永福领导抗日，他们在各地组织了许多支义军队伍，团结在刘永福周围，并肩战斗。

　　5 月底，日本侵略军开始踏上台北土地，向南进攻。黑旗军和以徐骧、吴汤兴为首的台湾义军充分利用了当地多山的地势，把敌人引入深山密林中的包围圈。侵略军一进入圈套，他们就手持大刀、长矛和鸟枪，从四面八方向敌人杀来，把敌人打得落花

▲ 手中持鸟枪等武器的台湾抗日战士

流水。

8月，彰化和云林先后失守，同时，义军的粮食和弹药日益不足。刘永福曾几次派人到大陆求援，他们得到了大陆爱国人民的热烈支持，不少人要求参加抗日斗争。但是，卖国的清政府却下令军民"不得丝毫接济台湾"，还封锁了大陆到台湾的航运。

台湾军民虽然遇到了许多困难，却并没有被困难吓倒。云林失守后，嘉义危急，刘永福调军增援，黄荣邦、简精华等率义民军助战，收复云林一带，军威复振。侵台日军遭到严重打击，日本政府急派大军来台。10月，在布袋、枋寮先后登陆，配合陆路南犯的日军分三路进攻台南。黑旗军和义军在饷械极度困难的条件下仍坚持战斗到最后，义军大部分战死，徐骧也在一次激战中英勇牺牲了。10月19日，刘永福被迫退回大陆，台湾被日本占领了。

1896年年初，台中义民柯铁率领一部分抗日民众，在嘉义东北大坪顶坚持斗争，不断地给来犯敌人以打击，赢得了"铁虎"的称号。同时，台北、台南人民也展开了攻打城市、袭击官衙的斗争，此伏彼起地打击着侵略者。此后，在漫长的半个世纪中，台湾人民反抗日本侵占台湾的斗争，始终没有停止过。

（余西文）

11

帝国主义在中国划分的势力范围

甲午战争以后，日本通过《马关条约》，不但取得了中国的大量赔款，侵占了中国的大块土地，而且还得到了在中国直接投资设厂的特权，根据"利益均沾"的侵略原则，其他各国也同样可以享受这个特权。过去列强就已在中国开办了一些工厂，为什么它们还要特别把这一点在条约中明文规定下来呢？原来，这里反映着世界形势的一个重要变化。

19世纪末期，世界上主要资本主义国家已经进入了帝国主义阶段。以前，资本主义国家对于中国的经济侵略，以商品输出为主。它们强迫中国开商埠，把持中国海关，夺取中国内河航行权，都是为了方便对中国输出商品。到了帝国主义阶段，它们的经济侵略已从以商品输出为主改变为以资本输出为主，《马关条约》中明文规定外国可以随意在中国通商口岸投资设厂，就是这个变化的一个反映。

为了输出资本，帝国主义不仅要在中国开设工厂，而且还要抢夺铁路修筑权，垄断矿山开采权，并且进一步要求在中国划定自己的势力范围。甲午战争以后，各帝国主义国家在中国纷纷争夺势力范围，使中国的民族危机达到空前严重的地步。

在光绪二十一年（1895），法国首先夺占中国云南边境上的一些地区，迫使清政府开放云南的河口、思茅为商埠，并取得在广东、广西、云南三省的开矿权。

沙皇俄国在 1896 年，从清政府手中取得在黑龙江和吉林两省境内修筑中东铁路的权利，并取得对铁路沿线地区的管理权。

英国在 1897 年，以"永租"的名义，强占了中国云南的猛卯三角地区，并取得了在广东西江的航行权，还迫使清政府开放广西梧州和广东三水为商埠。

法国在 1897 年，又迫使清政府宣布海南岛不割让给他国，实际上是把海南岛作为它的势力范围。

帝国主义各国对中国的这种侵略和掠夺，到了 1897 年年底，更加激烈起来。这年 11 月，德国借口传教士在山东曹州被杀，派军队强占了胶州湾，并取得在山东修筑胶济铁路和在铁路沿线开采矿山的权利，从此德国便把山东划为自己的势力范围。在这以后，帝国主义各国更加紧了在中国划分势力范围的争夺。

沙皇俄国在 1897 年 12 月，借口德国占据胶州湾，派军舰侵占了旅顺。1898 年 3 月，迫使清政府把旅顺和大连"租借"给沙皇俄国，并且取得了修筑中东铁路支线（哈尔滨至旅顺）的权利。从此，沙皇俄国便以东三省（黑龙江、吉林、辽宁三省）和内蒙古为它的势力范围。

法国在 1898 年 4 月，借口沙皇俄国占据旅顺、大连，强行"租借"了广州湾，同时还取得了滇越铁路的修筑权，并迫使清政府宣布广东、广西、云南"不割让给他国"，实际上是把云南和两广的一部分地区作为它的势力范围。

　　英国在 1898 年 6 月，以法国占据广州湾为借口，强行"租借"了九龙半岛。7 月，又以俄国占据旅顺、大连为借口，租占威海卫，并且取得津浦铁路南段（峰县至浦口）的修筑权，同时还迫使清政府宣布长江流域各省及两广的一部分"不割让给他国"，这一广大地区便成为英国的势力范围。

　　日本除了侵占了台湾，在 1898 年，又强迫清政府答应将福建省作为它的势力范围。

　　19 世纪末，帝国主义各国在中国划分了这么多势力范围，把中国的大片领土作为它们的侵略根据地，抢夺了中国许多重要港口和铁路、矿山，从而形成了帝国主义瓜分中国的险恶形势。

（荣国汉）

门户开放

　　"门户开放"政策是在光绪二十五年（1899）由美国政府以照会的形式提出来的。甲午战争后，帝国主义国家利用《马关条约》规定的种种特权，一个接一个地在"利益均沾"的借口下，在中国领土上开设工厂，掠夺开矿和筑路权，更在中国领土上强占"租借地"和划分"势力范围"，等等。这时，只有美国，因为正忙于夺取西班牙殖民地古巴、波多黎各和菲律宾的侵略战争，没有能够抽出手来，在中国也捞上一把。1899年，当美国结束了对西班牙的战争后，已来晚了一步，中国沿海和西南一些地区都被其他帝国主义侵占了。美帝国主义决心改变这种局势。当时的美国总统麦金莱露骨地说："中国沿海土地有落入外人手中者，此种重要变局吾美不能袖手旁观……苟欲不受占有中国土地之强国的排挤，非参与华事不可。"为了达到这个目的，以便逐渐变各国势力范围为它独占的势力范围，并最后完全奴役和统治中国，它在这一年9月，

▲ 帝国主义瓜分"中国蛋糕"

提出了"门户开放"政策。

这个政策的主要内容规定：各国互相承认在中国的"势力范围""租借地"和通商口岸的既得利益，彼此不得干涉；在这些"势力范围"里，各国船只的入港费和铁路运费，都不得高于占有这些"势力范围"的国家的入港费和铁路运费。也就是说，在"列强"的"势力范围"之内，美国应该取得"通商和航行"的"平等待遇"。

很显然，美帝提出的所谓"门户开放"政策，就是要把中国的"门户"向一切帝国主义国家都"开放"，这是因为美帝害怕把中国变为某几个帝国主义国家直接控制的地方，就妨碍或排挤了自己对中国的进一步侵略。因此，美国提出"门户开放"政策，是企图通过这个政策，使美国插足到其他帝国主义国家的"势力范围"内，分享其他帝国主义的侵略利益；同时，更企图凭着自己的经济优势，逐渐地排斥其他帝国主义，达到把中国变成它独占的殖民地的目的。

当时，英国、法国、俄国以及其他帝国主义国家相互之间的矛盾很多、竞争很激烈。在这种情况下，他们为了调和彼此之间的矛盾，相继接受了美国这个"门户开放"的主张。美国所提出的"门户开放"政策使各个帝国主义国家结成了侵略中国的同盟，中国更加被推上遭受帝国主义瓜分的险恶处境了。

（余西文）

13

公车上书

"公车上书"是指 1895 年康有为（1858—1927）领导的一次举人上书皇帝的请愿运动。

光绪二十一年三月（1895 年 4 月），腐朽的清政府准备和日本订立《马关条约》的消息传到北京。当时各省的举人正在北京参加会试，听到了这个消息后，非常气愤。特别是台湾籍的举人，听到自己的家乡将被出卖，更是愤怒万分。大家反侵略的情绪极为高涨。

▲ 康有为像

广东举人康有为，早在 1888 年，就曾经上书皇帝，请求变法，但受到了顽固派官僚的阻碍，没有结果。这一次他看到群情激昂，正是鼓动上书的大好机会。于是

▲《公车上书记》书影

他和他的学生梁启超等四处联络，约集十八省举人，在松筠庵开会。开会那天，盛况空前，到会的有一千多人。个个情绪激愤，公推康有为起草奏疏。康有为赶了一天两夜，写成了给光绪皇帝的万言书。在万言书上签名的，据说有一千三百多人。除送给皇帝外，还把这份万言书，辗转传抄，很快传播开来，轰动了北京。因为当时又把进京考试的举人称为"公车"（汉代地方上举荐人才，由公家备车送往京城，后来就用"公车"来称呼进京考试的举人），所以这次上书就被称作"公车上书"。

在这份万言书里，康有为慷慨陈词，提出了"拒约、迁都、变法"等主张。他指出如果割让台湾，就会引起英、俄、法等列强来瓜分中国，因此必须拒绝在条约上签字。他要求皇帝亲下诏书，检讨国家政策得失，提拔能干的人才，鼓励人民发奋图强；迁都到长安；训练一支强大的陆海军，增强国防，准备长期抗战。同时又强调指出，这些措施只不过是暂时应敌的办法，如果要从根本上使国家富强起来，那就必须进行"变法"，也就是进行政治、经济、文化的各项改革。

康有为提出要从"富国、养民、教民"三方面着手。"富国、养民"就是发展经济。一方面要清政府积极修筑铁路，开发矿山，制造机器轮船，奖励创造发明，举办邮政，发行钞票；另一方面要"务农、劝工、惠商",也就是鼓励人民去经营农、工、商业。"教民"是进行文化教育改革,要求开办学堂,设立报馆。他还强调指出,中国贫弱落后的重要根源是政治上君与臣隔绝,臣与民隔绝,上下不通气,因此他提出要用"议郎"制度来改变这种情况。办法是全国每十万户公举一个博古通今、直言敢谏的人做"议郎",作为皇帝的顾问,凡遇重大事情,由皇帝召集议郎会议于太和门,根据大多数意见做出决定,付诸实行。这个办法,有一些模仿西方资产阶级国家议会的意思。康有为提出的这些主张,实际上是一种带有资产阶级性质的改良主义纲领,它反映了刚刚形成的资产阶级和一些开明地主的要求。康有为以为,如果实行了这些主张,就可以既不用根本推翻封建统治制度,又可以在政治、经济、文化方面学习西方国家的一些长处,使中国发展资本主义,走上富强的道路。这种不根本推翻旧制度就想建立新社会的主张,是一种不切实际的幻想。

1895 年 5 月 2 日,举人们把这份万言书送到都察院(清政府的最高监察机关),可是都察院却推说皇帝已经在条约上盖了印,拒绝把万言书进呈给皇帝。

"公车上书"虽然没有能够阻止《马关条约》的签订,皇帝也没有看到,但是它的全文,被辗转传诵,上海、广州等地还特地刊行了《公车上书记》广为宣传。各省的举人回去之后,也或多或少地传播了这些主张。于是,"公车上书"所提出的资产阶级改良主义的政治改革要求,广泛地传播开来,康有为也成为全国瞩目的改良派的领袖人物。

(王德一)

14

强学会 保国会

　　"公车上书"以后，康有为等觉得要继续宣传变法维新，开通风气，推动改良主义的政治运动，就必须把人联络起来，并且建立一个比较固定的组织。因此，1895年8月，由康有为发起，在北京成立了"强学会"。参加强学会的有一千多人，声势盛大。

　　强学会的宗旨是"求中国自强之学"。在康有为起草的强学会序文中，叙述了帝国主义虎视眈眈地想瓜分中国的危急情状，要求培养人才，讲求学业，以便御侮图强。强学会成立后，每十日集会一次，每次都有人演说。演说的内容也主要是叙说国家民族的危机，宣传变法图强的办法。

　　为了"推广京师之会"，康有为等又到上海组织"强学分会"。上海强学分会在章程中规定主要办四件事：①译印图书，②发行报纸，③开图书馆，④设博物院。分会成立后，出版了《强学报》，每日印一小册，免费分发给读者，宣传变法维新。

封建统治者一直是严格禁止人民集会结社的，他们当然不准许强学会的合法存在。这年冬天，李鸿章指使他的亲家、御史杨崇伊参劾（检举告发）强学会，说是私立会党，议论朝政，应该禁止。慈禧太后立即下令封闭北京强学会和上海强学分会。

　　强学会虽被封禁，但它的影响却很大。维新思想在很多知识分子和一部分官僚中很快传播开来。在北京还有一些人暗暗地组织小的学会，几天集会一次，进行活动。上海、广东、湖南等地的维新活动也纷纷开展起来。全国各地弥漫了变法维新空气。

　　康有为在强学会被禁后，就离开北京，回到广东老家讲学，团聚维新人才。到 1897 年冬，德国强占了胶州湾，接着其他各帝国主义也纷纷强占中国土地，民族危机达到空前严重的地步。康有为见此情形，立刻从广东赶到北京，一方面继续向皇帝上书请求变法，另一方面又在京城士大夫中间积极活动，准备重新组织学会。他先劝说各省旅京人士，组织地方性的学会，如由他自己发起组织了"粤学会"，由杨锐等发起组织了"蜀学会"，由杨深秀等发起组织了"陕学会"，由林旭等发起组织了"闽学会"等。

　　在这些地方性学会的基础上，康有为又筹划组建了一个全国性的大会。这时刚好各省举人又来到北京应试，康有为等便邀集各省举人和北京的一些士大夫组织了"保国会"。

　　1898 年 4 月，保国会正式成立。开成立大会时，楼上楼下都坐满了人，康有为发表演说，慷慨激昂，听的人很多都流下了眼泪。

　　保国会先后开了三次会，影响越来越大，这就引起了封建顽固势力的嫉恨。有些人特地印了"驳保国会"的小册子；有些人故意制造谣言，攻击保国会；有些守旧官僚就上奏章弹劾保国会；甚至有些顽固派专门组织了"非保国会"，和保国会对抗。

在这种情形下，保国会的发起人之一、投机官僚李盛铎见势不妙，竟然自己上疏弹劾保国会。同时，守旧大臣刚毅等也极力主张查禁保国会。但这时，封建统治集团中以不当权的光绪皇帝为首的一派，表示支持维新运动，并且不顾以慈禧太后为首的顽固派的反对，下令实行变法，施行新政，发动了"戊戌变法"（1898 年是旧历戊戌年）。查禁保国会的事也就搁置了下来。不过，保国会虽然没有被正式查禁，但在封建顽固势力的竭力破坏下，也就此停止了活动，实际上等于在无形中解散了。

（秦汉）

15

《时务报》

梁启超（1873—1929）是康有为的学生，维新变法运动杰出的宣传家。他所主编的《时务报》，是宣传变法维新影响最大的一张报纸。

当时维新派很注意组织学会、开办学堂和出版报纸的工作。上海强学分会被封闭后，由汪康年等提议，以强学分会的余款，筹办《时务报》。1896年8月9日，《时务报》正式创刊，

▲ 梁启超像

由汪康年任经理，梁启超任主笔。每十日出版一册，每册二十余页，内容以宣传"变法图存"为宗旨。

▲《时务报》

《时务报》出版后，接连地刊载了许多批评封建政治、鼓吹变法维新的文章。特别是梁启超写的一些论著，如著名的《变法通议》等，见解新颖，文字生动，很受读者欢迎。几月之间，竟行销一万七千多份，开中国有报纸以来的最高纪录。一个反对维新运动的封建文人记载说：《时务报》上的文字，痛快淋漓，说出了好多人想说又不敢说的话，江淮河汉之间，很多人都喜欢它文字新奇，争着传诵。从这里也可以见到《时务报》影响之大了。难怪有人说，维新派的议论得以盛行，是"始于《时务报》"。

《时务报》既风行海内，主笔梁启超也因之"名重一时"，人们谈起变法维新，常常把康有为和梁启超合称"康梁"，梁启超在宣传康有为的变法维新思想中，的确有很大的功劳。

但《时务报》在经济上主要是靠洋务派官僚张之洞的捐助，张之洞对于《时务报》上的激烈言论，很不满意，常常干涉《时务报》，甚至不准有些文章在《时务报》上发表。经理汪康年本来曾是张之洞的幕僚，他经常秉承张之洞的意志，因此和梁启超发生意见分歧。1897年冬，梁启超辞去《时务报》主笔职务，到湖南就任时务学堂总教习。《时务报》便由汪康年一人主持。不久，戊戌变法发生，《时务报》改为官报，官报还没有办起来，戊戌维新运动就失败了。

（叶黄）

严复

严复（1854—1921）字又陵，又字几道，福建侯官（今福州市）人。1877年至1879年留学英国，学习海军。他在留学期间，读了许多西方资产阶级哲学和社会科学方面的著作，逐渐接受了资产阶级民主思想。

19世纪末，帝国主义掀起了瓜分中国的狂潮，中国面临亡国的危机。在这种形势的刺激下，严复主张向西方资本主义国

▲ 严复像

家学习，按照西方国家的模样，来改变中国的政治制度，以挽救中国的民族危亡，使中国富强起来。

在戊戌变法时期，他参加了维新运动。当时他写了不少提倡维新变法的文章，如《辟韩》和《原强》等。他在《辟韩》中，把封建社会里神圣不可侵犯的君主，斥责为"大盗"，并且指出君主有绝对专制的权力，并不是什么"承受天命"，而是"大盗窃国"。他在《原强》中，提出了废除封建专制政治，实行君主立宪的政治主张，这些主张和要求在当时是有一定的进步意义的。

严复认为要变法图强，就必须向西方资本主义国家学习，为此他翻译了许多西方资产阶级的著作，如赫胥黎的《天演论》、亚当·斯密的《原富》和孟德斯鸠的《法意》等书。这些书比较系统地介绍了西方资产阶级政治、经济、哲学等方面的学说以及某些自然科学知识，成为当时中国新兴资产阶级跟封建专制主义进行斗争的重要思想武器。

这些书中，《天演论》在当时的影响最大。赫胥黎在这本书中把英国生物学家达尔文关于生物进化的学说，用来解释人类社会的发展变化，认为人类社会也像生物界一样，适合"物竞天择"和"弱肉强食，适者生存"的规律，这就是说，人类相互之间存在生存竞争，在竞争中，只有能适应时势的，才可以生存下去。严复发挥了这个论点，认为国家与国家之

▲《天演论》书影

间也是一个竞争的局面，在竞争中谁最强硬有力，谁就能获得优胜，就可以生存下去；否则就要遭到强者的吞并，以致灭亡。他认为当时中国正处在和其他国家争生存的环境之中，如果中国不努力争取自己的生存，就要永远沦为西方国家的奴隶。他呼吁中国要想自强，就只有赶快起来，向西方资本主义国家学习，实行维新变法。

严复在19世纪末中国民族危亡的严重关头，翻译了《天演论》，并借此大声疾呼变法图强，这在当时的历史条件下，有着一定的积极作用，它使人们感到必须努力奋发图强，中国才能得救。

戊戌变法失败后，事实证明改良主义道路在半殖民地半封建社会的中国是走不通的，资产阶级革命派开始了革命活动，但是严复仍坚持改良，反对革命。辛亥革命后他投靠窃国大盗袁世凯，甚至为袁世凯的称帝捧场效劳。在五四运动时期他又提倡复古"尊孔"，反对新文化运动。这些都说明，戊戌变法后的严复没有跟上时代的脚步，而逐渐变成落后和思想腐朽的人物了。

（荣国汉）

百日维新

　　"百日维新"又称"戊戌变法"，是 1898 年（旧历戊戌年）发生的一次资产阶级改良主义政治运动。

　　"公车上书"以后，康有为等维新派到处组织学会，创办报纸，宣传变法主张。改良主义运动有了很大发展，赞成变法的人越来越多，1898 年时，全国有学会、学堂、报馆三百多所。这时候，中国被帝国主义瓜分的危险更加迫近。这年二月，康有为从广州赶到北京，第五次向光绪皇帝上书，恳切地说，如果再不变法，不但国亡民危，就是皇帝想做普通老百姓都要做不成了。

　　这时清政府内部分成了两派：一派是"后党"，就是以慈禧太后（西太后）为首，掌握着实权的顽固派和洋务派大官僚集团。他们在勾结外国侵略强盗镇压太平天国革命，以及后来的一系列政治活动中，得出了一条反革命经验，就是对外投降帝国主义、对内镇压人民，一心一意投靠帝国主义以维持封建统治。只要保住他

▲ 清穆宗爱新觉罗·载淳（同治帝）像

▲ 清德宗爱新觉罗·载湉（光绪帝）像

们对于中国人民的统治地位，他们哪管国家的存亡、人民的死活？所以这些人坚决反对一切政治上的革新。另一派是以光绪皇帝和他的老师翁同龢为首的少数官僚集团，称为"帝党"。原来同治皇帝在1875年死去之后，慈禧太后选中同治的一个年仅四岁的堂弟继承皇位，改年号为光绪，自己再一次"垂帘听政"，独揽大权。1889年，光绪已经十八岁，慈禧在表面上宣布由光绪"亲政"，但实际上她仍旧牢牢地控制着朝廷的一切权力，光绪依旧只是一个傀儡皇帝。光绪对慈禧太后独揽大权十分不满，也不甘心看着后党卖国，断送清朝江山，使自己做"亡国之君"，所以希望经过变法，引进新人来夺取实权，排斥后党，救亡图存。因此，康有为的话深深打动了光绪，他决心支持维新派的变法活动。

接着，康有为又上了一个全面筹划变法步骤的奏折，进一步要求光绪立即向群臣表明变法决心，吸收维新派人士参加政权，大力改革政治机构，实行君主立宪。光绪也亲自召见了康有为，详细倾听了他的变法意见。到了6月11日，光绪正式下令宣布变法。在维新派的影响和直接参加下，从6月11日到9月21日，光绪皇帝一连下了几十道实行新政的命令，对封建的政治、经济和文化教育等各个方面进行改革。这些改革的主要内容是：经济方面，在中央设立矿务铁路总局、农工商总局，各省设商务局；提倡设农会、商会等民间团体；保护和奖励农工商业等。政治方面，鼓励人民创办报纸，给予一定的言论、出版自由；裁撤一部分无用的衙门和官员。文教方面，废除八股，改革考试制度；在北京设立大学堂，各地设立中小学堂；设立译书局，奖励科学著作和发明。军事方面，裁减旧式军队，训练新式的陆海军，加强国防，等等。

这些命令雪片似的颁布下去，在全国引起很大震动。支持的人固然不少，可是反对的人更占优势。除中央以慈禧太后为首的反动集团外，在各省的地方大吏绝大部分也都是守旧官僚，他们仗着慈禧太后为靠山，根本就不理睬这些改革命令。加上那成千上万的盼着"金榜题名"来升官发财的秀才、举人，那遍布全国反对一切新事物的地主士绅，那被裁撤的衙门的大小官吏等一切旧势力，都极力反对变法。各色各样的顽固守旧的势力结成了一个反维新的联合阵线。但维新派除拥有一个毫无实权的名义上的皇帝外，丝毫没有与顽固派较量的实际力量。他们既不敢依靠人民群众，自己手里又不掌握着军队。因此，维新运动虽然表面上轰轰烈烈，其实却随时有被顽固派扼杀的可能。果然到 9 月 21 日，慈禧太后发动政变，把光绪囚在中南海四面环水的瀛台，废除了一切新政法令，杀害了一些维新人士。维新派最重要的人物康有为、梁启超逃亡国外。这次资产阶级改良主义的政治改革只进行了一百零三天，就在旧势力的反攻下失败了，这就是历史上有名的"百日维新"。

（王德一）

18

戊戌六君子

光绪二十四年八月十三日（1898年9月28日），以慈禧太后为首的顽固派，屠杀了积极参与维新运动的谭嗣同、林旭、杨锐、刘光第、杨深秀和康广仁。历史上把他们叫作"戊戌六君子"。在这六个人中间，谭嗣同是一个最杰出的人物，他的思想最为激进。

谭嗣同，字复生，号壮飞，湖南浏阳人，同治四年（1865）出生在北京。他的青年时代，正当帝国主义加紧侵略中国的时候。特别是中日甲午战争以后，民族危机日益深重，维新思想有了进一步的发展，很多爱国知识分子纷纷要求变法图存。谭嗣同也积极主张变法维新，在湖南浏阳发起设立学会，集合维新志士讲求变法救亡的道理。后来他到了南京，和在上海主办《时务报》鼓吹变法的梁启超取得密切联系，经常为《时务报》撰稿。

1897年他写成了代表他的社会政治思想和哲学思想的名

▲ "戊戌六君子"慷慨就义

著——《仁学》。在这本书里,他尖锐地抨击了封建君主专制统治,强烈要求进行资本主义的政治改革,发展资本主义经济。同时,他还深刻地批判了封建的伦理道德观念,大胆地发出了冲决封建网罗的号召。当然,在这本著作里也表露了他想不根本推翻封建制度而发展资本主义的改良主义幻想。

就在这一年,他回到维新运动已经发展起来的湖南长沙,参加维新活动,和梁启超、唐才常等共同主办"时务学堂",并担任《湘报》主编,在报纸上宣传变法理论,抨击清廷暴政。

1898 年 6 月,在维新浪潮的推动下,光绪帝正式下令实行变法。谭嗣同、林旭、杨锐、刘光第都被任命为军机处的"章京"("军机处"是清代专门秉承皇帝意旨,处理军国要政的中央最高权力机构。"章京"是一种负责具体工作的较低级的官职),专门帮助光绪皇帝推行新政,负责批阅奏折,草拟诏书等工作。

顽固派不能容忍变法维新运动的进一步发展,慈禧太后等正在积极筹划政变。维新派深感局势严重,推举谭嗣同去游说握有重兵的袁世凯，以武力保卫光绪帝，粉碎顽固派的阴谋。但是，袁世凯却向顽固派告密，出卖了维新派。慈禧太后立即发动了政变，一面囚禁光绪帝，一面搜捕维新派。谭嗣同、林旭、杨锐、刘光第、杨深秀、康广仁先后被捕。后来，慈禧太后就把这六个人杀害了。

谭嗣同临死时，神色自若，慷慨从容，并且留下了十六个字的临终语："有心杀贼，无力回天；死得其所，快哉快哉！""有心杀贼"道出了他反抗黑暗的封建专制主义统治的决心，"无力回天"反映了他走改良主义道路所面临的悲剧命运，后面两句话，表明了他为争取祖国进步而奋斗的不怕流血牺牲的英雄气概。

（方攸翰）

19

《大同书》

　　《大同书》是康有为所写的一本书。在这本书里，康有为精心地设计了一个未来美好社会的蓝图——"大同世界"。康有为的"大同世界"只是一个不切实际的幻想。

　　《大同书》一共分十部（也就是十章）。在第一章里，康有为详细地描写了人世间的种种苦难，揭露了现实生活的种种黑暗和不合理。这些描写和揭露，一方面表现了康有为对于劳苦大众的深切同情，譬如他说："农民们一年到头，辛苦劳作，但是全家人却饥寒交迫。"又说："每逢荒年，农民们收成很少，地主还要追讨租米，交不上租就要被关进监牢。"但另外一方面，他又大肆宣传富人、贵人也有各种苦难，用这种宣传来抹杀阶级对立，掩盖造成劳动人民痛苦的社会根源。

　　康有为宣传男女老幼、富贵贫贱都逃不脱各种各样的苦难，目的是要说明，只有实行了他的"大同世界"的方案，才能使人人幸福。在其余的九章里，康有为向人们详细地展示了"大同世界"的美妙前景。根据他的描写，在大同世界里，人人都只有欢乐，没有忧愁。农工商业都归公有，再也没有个人的私产。生产力高度发展，每个人一天只要劳动三四个小时甚至一两个小时就可以生产出充足的东西，其余的时间，都可以用来"游乐读书"。一个人从诞生起，就由社会抚育，长到六岁就上学读书，二十岁以后就工作劳动，年老了进养老院享福。到那个时候，人人相亲相爱，再没有互相欺压、互相仇恨……

康有为说，"大同世界"的到来，不必经过阶级斗争，不必经过革命。因为在他看来，阶级斗争和革命要流血，要破坏，是很可怕的。最好的办法是，由一些聪明的"仁人"广泛地宣传大同世界的好处，吸引人心，"大势既倡，人望之如流水之就下"，等到大家都赞成"大同"了，大同世界就自然会到来。因为要经过慢慢地宣传，要等所有的人都赞成，所以他说，大同世界的到来得等到千年之后。

在阶级社会里，剥削阶级决不会经过"宣传"就放弃剥削，反动的统治阶级决不会经过"宣传"就自动退出历史舞台。因此，康有为的大同世界是永远也实现不了的。

（秦汉）

19 世纪后期的
反教会斗争

在近代殖民主义和帝国主义的侵略活动中，商品、炮舰和传教士是互相配合的。英、法、美等外国侵略者，在第二次鸦片战争中，取得了深入我国内地传教的特权。从此，外国传教士便纷赴各省设立教堂，其中一些人利用宗教进行奴化中国人民的思想宣传和刺探内地情报的特务活动。这些戴着宗教面具的侵略鹰犬，一方面忠心耿耿地替自己国家的资本家效劳，一方面穷凶极恶地欺压中国的劳动人民。他们强占中国人民的田地房产，一个教堂往往占有几百、几千以至成万亩土地和大量房产。这些土地房产，大多是通过"逼让""圈占""强买""罚献"甚至"驱逐业主、据为己有"等办法恃强霸占的。他们奸淫妇女、残害良善：如云南浪穹县有一个天主教堂，法国神父收买了几个中国歹徒，任意强抢民女，亲属前往索要，常被殴打而死。他们包揽词讼，挟制官府：只要信教的人，打起官司来理屈的可以胜诉，杀了人也可以不抵罪。有的地方，教士甚至和地方官一起坐在公案前审理案件。山东有一传教士竟"自称巡抚"，命令各地方官服从教堂的指示。

总之，那些自称是代表"上帝"到中国来传播"文明"和"福音"的传教士，大多是一群无恶不作的恶霸流氓。他们欺侮中国人民的罪恶活动当然会激起各地人民的愤怒和反抗。早在1861至1862年间，贵州、湖南、江西就爆发了反对外国教会的所谓"教案"。此后教案不断发生，几乎年年有、省省有。到1870年爆发了大规模的天津教案，成为近代初期反教会斗争的第一个高潮。

从天津教案以后到义和团运动（1900）这三十年间，中国人民的反教会斗争继续发展，成为中国人民反对帝国主义斗争的一个重要方面。

这一时期的所谓"教案"，常常不再是为了反对某地洋教会的直接欺压而孤立地发生，而是一处发动，他处响应，连成一片。这反映了广大群众的反帝认识有了提高，把洋教会的活动和帝国主义的整个侵略活动联系起来了。例如在中法战争时期（1883—1885），东南沿海和云南、广西相继掀起了反对法国教会的斗争，有力地支持了抗法战争。

清政府采取卖国媚外政策，镇压反教会斗争的爱国群众。初期曾经参加斗争的一些地主绅士，逐渐畏缩，退出了斗争行列，有的反而协同官府进行破坏。但广大劳动人民更加激起义愤，参加的人更多，斗争得更坚决了。同时，他们对于封建势力破坏反教会斗争也开始表示不满，例如1879年（光绪五年）发生了反对美国教士的福建延平教案，群众散发的揭帖（传单）中即明白指责官员绅士偏袒洋人，而宣称"不受洋人荼毒，亦不受官长欺凌"。

在斗争中，原来存在于民间的秘密结社逐渐活跃，起了重要的组织作用。例如在 1890 至 1891 年，西起四川，东到上海，几乎整个长江流域的广大地区涌起了一次猛烈的反教会运动。沿江各地会党普遍参加，人民利用会党组织，呼应联络，发动武装斗争。1891 年冬在热河爆发了反对外国教会和蒙古王公的武装起义，领导这次起义的是北方的秘密宗教组织金丹道和在理教。

反教会运动出现了武装起义，可以说是这一方面的爱国斗争发展到了最高形式。特别是四川东部余栋臣领导的起义，规模大，影响也大。余栋臣原是四川大足县（今重庆市大足区）龙水镇的担煤工人，1890 年，龙水镇的洋教堂勾结官府镇压当地群众的反教会斗争，余栋臣于这年 8 月领导群众举行第一次武装起义。1898 年春，余栋臣被捕，送荣昌区监禁。他的部下劫牢反狱，把他救回龙水镇。他就领导群众第二次宣布起义，传檄远近，声称

▲ 1891 年的反教会运动

"但诛洋人，非叛国家"，但若官吏畏惧洋人而镇压群众，那么就是祖国的叛徒，民族的罪人，"于国家法在必诛，于义民理难容宥（宥 yòu，宽容的意思）"。提出的口号是"顺清灭洋"，"灭洋"是打倒帝国主义的意思。"灭洋"是显明的，"顺清"则是有条件的，这一口号集中反映了这次起义的爱国精神和要求爱国合法的愿望。广大群众热烈拥护，起义队伍迅速增加到一万人，川东、鄂西好多县份的人民纷起响应，到处打击洋教会，声势大震。清政府连忙调遣大军围攻，到 1899 年初，起义终于失败，余栋臣被捕入狱。

就在这时，山东的义和团反对外国侵略者和洋教会的斗争已发展成了武装起义。1900 年，大规模的义和团反帝爱国运动便轰轰烈烈地掀起来了。

（张守常）

义和团运动

神助拳，义和团，

只因鬼子闹中原……

兵法艺，都学全，

要平鬼子不费难。

拆铁道，拔电杆，

紧接毁坏火轮船。

大法国，心胆寒，

英美德俄势萧然。

　　这是光绪二十六年（1900）义和团运动时广泛流传的歌谣，它表达了中国人民起来驱除帝国主义侵略者的坚强意志。

　　义和团原名义和拳，是白莲教的一个支派，主要在山东西部秘密流传，信神练功。到 19 世纪末叶，广大人民日益高涨的反帝斗争，就通过义和团这一组织形式开展起来。

义和团先在山东开始斗争，打败了前来镇压的清朝官兵，迫使山东巡抚毓贤承认了义和团的合法地位，并提出"扶清灭洋"的口号，把斗争矛头主要指向帝国主义。

帝国主义指使清政府改派练有新式陆军的袁世凯做山东巡抚，以便通过袁世凯镇压人民的反帝斗争。这个卖国军阀果然遵从帝国主义的吩咐，对义和团进行了残酷的镇压。1900 年春天，义和团从山东逐渐扩展到直隶（今河北省）一带。广大乡村的贫苦农民、运河沿岸的失业工人和京津等地的城市劳动者踊跃参加，妇女群众也积极组织起来。同时，山西乃至东北各地也都纷纷建立了义和团的组织，南方各省也有许多地方起来响应。英勇的中国人民冲破了帝国主义和清朝封建统治者的压制和破坏，迅速地掀起了声势浩大的反帝爱国运动。他们到处焚烧洋教堂，破坏铁道和电线。面对中国人民的反帝斗争，帝国主义立即露出了它的狰狞面目，公然派兵进行武装干涉。在这种情形下，义和团群众也就更大规模地动员起来，进一步发展为反抗帝国主义的武装斗争。手执戈矛的革命人民斗争得很英勇，英国海军提督西摩尔率领侵略军从天津向北京进犯，只到达廊坊，便被义和团团民打得狼狈逃回。成千上万的团民赶往天津，在张德成、曹福田等的领导下，与各帝国主义派来的侵略军进行了英勇的斗争。同时北京的团民也向帝国主义侵略分子的集中地——东交民巷外国公使馆和西什库教堂发动了进攻。广大群众送水备饭，给予了热烈的支持。清政府的部分爱国官兵也和团民一起参加了战斗。中国人民的反帝怒火，在北方大半个中国，熊熊地燃烧起来。

清政府是不敢开罪帝国主义的，对于从农民中自发兴起的义和团，一开始即视为"乱民"，诬作"拳匪"，一再下令"剿办"。但是义和团冲破了清政府的镇压，迅速发展起来，以暴风骤雨一般的浩大声势，压倒了清政府的反动气焰，胜利地进入了北京和天津，控制了清朝的心脏地区，甚至在皇宫禁地也要进去搜查"二毛子"（指依附帝国主义的中国败类）。这使得清政府惊惶失措，感到若不从表面改变态度，避开义和团运动的打击锋芒，那么自己首先就有被推翻的危险。于是它暂时收起了镇压政策，转而采取了欺骗和利用的阴险手法，虚伪地宣称义和团是义民，并且被迫在这年的 6 月 21 日对帝国主义"宣战"。但在几天以后便又偷偷地电令驻在外国的使臣向各帝国主义解释"苦衷"，请求谅解，并保证对于这些坚决反帝的"乱民"还是要想办法"惩办"的。以后，英、美、法、德、俄、日、奥、意八个帝国主义国家派来了侵略

▲ 大刀义和团

▲ 义和团成员

军，大举向中国人民进攻。慈禧太后的本来面目也跟着显露出来，她在逃往西安的路上大骂义和团是"拳匪"，并命令清政府的官兵协助帝国主义侵略军"剿办"义和团。在内外反动派的联合屠杀之下，轰轰烈烈的义和团运动失败了。

义和团运动是中国近代史上一次伟大的农民武装反帝爱国运动，但是那时还得不到无产阶级的正确领导，所以还不可能打败帝国主义和封建势力的联合镇压。

（张守常）

22

义和团英勇抗击
外国侵略军

声势浩大的义和团反帝爱国运动，在 1900 年的五六月间发展到了北京和天津。这个时候，革命的人民不但控制了清政府统治的心脏地区，而且在全国范围内进一步推进了革命运动的发展，掀起了汹涌澎湃的反对帝国主义的怒潮，形成了继太平天国革命之后中国近代史上的第二次革命高潮。

义和团反帝爱国运动的蓬勃发展，沉重地打击了帝国主义在中国的侵略势力，帝国主义不甘心放弃它们的侵略利益，对我国进行了又一次的武装侵略。在这民族危机空前严重的时刻，伟大的中国人民为了保卫国家民族的独立，高举反帝爱国的旗帜，不畏强暴、不怕牺牲、艰苦卓绝地和帝国主义进行了坚决的斗争，在中国近代史上写下了辉煌的一页。

1900 年 6 月 10 日（光绪二十六年五月十四日），两千多名帝国主义侵略军，在英国海军中将西摩尔的率领下，由天津向北京进

▲ 义和团成员被斩首

攻。义和团英勇地进行抵抗，沿路团民拦击敌人，拆毁铁路，阻止敌军前进，保卫北京。在这次阻击战中，义和团与侵略军在落垡、廊坊展开了一次激烈的战斗，这次战役打得很出色，很成功。6月13日夜晚，义和团奇袭廊坊车站的侵略军，同时又在第二天围攻驻扎在落垡的侵略强盗，打得敌人措手不及，顾此失彼，惊惶溃逃，团民乘胜发动总攻击。侵略军被迫在18日向天津败走，一路上又遭到义和团、清军的追击、堵截，死伤约四百人，到6月22日才狼狈地退到天津西沽。

　　西摩尔的侵略军遭受到沉重打击的同时，帝国主义强盗于6月17日又在大沽登陆，进攻天津。一场壮烈的天津保卫战又展开了。侵略军从大沽到天津一路上处处挨打，步步难行，直到6月23日才窃据老龙头火车站（现在的天津站），并和原在西沽的侵略军会合，到达天津租界，接着向天津城发动进攻。他们在义和团四面八方的围攻下，真像瓮中之鳖。从7月6日起，天津战事更加激烈，义和团领袖张德成等一连三昼夜在紫竹林与侵略军血战，取得了很大的胜利。敌人为了减轻紫竹林租界所受的压力，在9日向天津城南发起进犯，清军将领聂士成力战牺牲。正当战事紧急时刻，清政府派宋庆来到天津，这个反动卖国的刽子手，他不但不组织兵力去攻打侵略军，反而下令屠杀义和团。7月14日，天津失陷。

帝国主义侵略军向北京进犯以及大沽炮台被攻占的消息传到北京后，激起了广大人民的无比愤怒。北京的外国使馆屡次向义和团挑衅，任意开枪杀人，群众忍无可忍，先后将日本使馆书记生杉山彬和德国公使克林德等帝国主义分子处死，并且在义和团领导下，于6月15日和20日先后开始围攻西什库的外国教堂及东交民巷的外国使馆。当时北京人民广泛传诵义和团反帝斗争的英勇事迹，有一个歌谣说："吃面不搁酱，炮打交民巷。吃面不搁卤，炮打英国府。吃面不搁醋，炮打西什库。"

义和团的革命英雄们在这次英勇抗击帝国主义侵略军的斗争中狠狠地教训了帝国主义，粉碎了它们瓜分中国的阴谋，显示了中国人民的无比巨大的力量。

（林敦奎）

八国联军

帝国主义历来仇视各国人民的革命运动。反帝爱国的义和团运动爆发后，帝国主义更加咬牙切齿，由英、美、德、日、俄、法、意、奥八个帝国主义国家组成了"八国联军"进行公开的武装干涉。1900年（旧历庚子年）8月13日晚上，侵略军闯到北京城下。14日，中国的部分爱国军队依托城墙，在北京城东面的朝阳门一东直门一线，和日、俄侵略军苦战了一天，杀伤敌人近五百人。这一天下午，英国侵略军从防备空虚的广渠门攻入北京外城，并进入了内城的使馆区（天安门的左前方东交民巷一带），15日，北京城里部分军队和义和团仍在继续巷战，但已不能挽救北京城的陷落。

一贯欺内媚外的封建统治者慈禧太后，根本没有抵抗的决心，到了这时，丢下了北京的人民，化装成农妇从西直门逃走了。平日作威作福的官吏，有的早已逃散；没有逃散成的，也只顾自己身

▲ 八国联军占领紫禁城

▲ 八国联军在北京紫禁城庆祝胜利

家，想方设法弄了洋文护照作保命符；还有一班更加无耻的家伙，帮着侵略者欺负人民。

从北京陷落的那一天起，全城就陷入了极度恐怖的境地。这群自夸为"文明人"的侵略强盗，在北京城里干下了世界近代历史上罕见的野蛮行为。侵略者一进北京，就放纵军队公开大抢三天，三天过后，抢劫仍没有停止。人们家里的金银、首饰、粮食和一切值钱的东西，都被抢光，搬不动的家具则被劈为柴火烧掉。在各国使馆和军营里，抢劫的东西堆积如山，侵略强盗都抢着进行分赃和买卖赃物。皇宫府库里保存的许多珍贵文物也纷纷被劫运到国外。靠近英国使馆的翰林院，保存着我国大量的珍贵历史文献，不少被放火烧掉，剩下来的也被帝国主义各国囊括而去。直到现在，美国的纽约、英国的伦敦和法国的巴黎仍收存着这些赃物。此外，政府机关的钱财、仓库的粮食，更是被洗劫一空。这群强盗在大肆抢劫的同时，又疯狂地进行屠杀，奸污妇女。它们公开命令：作战时，如果碰到中国人，无论男女老幼，一律"格杀勿论"。进入北京以后，看到形迹稍有可疑的就指为义和团，立刻加以杀害。这些兽军到处掳掠和奸淫妇女，连老妪幼女也不能免。所有这些血腥的罪行，说明自命"文明"的帝国主义强盗，是何等的凶残、野蛮和下流！

（章明）

《辛丑条约》

　　帝国主义国家在镇压义和团运动之后，强迫清政府签订了《辛丑条约》。这是帝国主义加在中国人民身上的又一条沉重的锁链。

　　清政府在义和团的巨大压力下，表面上向帝国主义各国"宣战"，暗地里却千方百计地破坏义和团运动，积极向帝国主义谋求妥协。1900年7月14日，天津失陷以后，清政府更加慌了手脚，于8月7日任命李鸿章为全权大臣，正式向帝国主义乞和。

　　帝国主义各国本来想用武力直接瓜分中国，但中国人民顽强英勇的斗争，教训了它们，迫使它们不敢动手。同时，这伙心怀鬼胎的强盗，彼此各有打算，互不相让，矛盾重重，这也使得它们需要继续利用和维持清朝政府，并通过这个听话的傀儡，间接地统治中国人民。

　　1900年12月，帝国主义各国（除出兵的英、美、法、德、日、俄、意、奥八国外，又加上比利时、荷兰、西班牙三国）向清

▲《辛丑条约》的签订

政府提出《议和大纲》十二条，以后又根据这个大纲订立详细条款，于 1901 年 9 月 7 日在北京正式签字。1901 年这一年是旧历辛丑年，所以这个条约又叫《辛丑条约》。

《辛丑条约》全文共十二款（另有附件十九件），主要内容有：

1. 惩办"得罪"帝国主义的官员（上自亲王下至府县地方官，被监禁、流放、处死的有一百多人），同时还要派亲王、大臣到德国、日本去道歉赔罪。

2. 清政府明令禁止中国人民建立和参加抵抗帝国主义的各种组织。各地方官对于人民的反抗外国侵略的活动，如不立时镇压，即时撤职查办。

3. 赔款四亿五千万两白银，从 1902 年 1 月 1 日算起，分三十九年还清。加上利息，共九亿八千多万两白银。

4. 在北京东交民巷一带设使馆区，帝国主义各国可以在使馆区驻兵。中国人不准在使馆区内居住。

5. 大沽炮台以及北京到天津海口的各个炮台一律拆毁。

6. 北京到山海关间铁路沿线十二处，各国可以驻兵。

（章明）

25

东南互保

　　"东南互保"，是义和团运动期间，东南各省的军阀官僚勾结帝国主义镇压中国人民反帝运动的一项罪恶活动。

　　义和团反帝爱国运动期间，清朝中央政权在人民斗争的强大压力下，为了保持自己的统治地位，不得不在表面上向帝国主义各国"宣战"。在北方几省义和团运动的推动下，南方各省人民也在酝酿着大规模的反帝斗争。这时，一直把长江流域看作自己势力范围的英国，为了保持它在这个地区的侵略利益，不使反帝运动在这个地区发展起来，决定勾结长江流域的军阀官僚共同行动。6月中旬，英国政府向两江总督刘坤一和湖广总督张之洞表示愿意以武力支持他们"维持长江秩序"。刘坤一和张之洞得到了英国的支持，胆子壮了起来，他们根本不理会清朝中央政权的"宣战"命令，于6月26日由大买办盛宣怀出面，与上海的帝国主义各国领事商定了所谓的《东南互保章程》。章程规定"上海租界归各国共同保

▲ 张之洞像

护，长江及苏杭内地均归各督抚保护，两不相扰，以保全中外商人生命产业为主"。根据这个章程，另外还拟定了《保护上海租界城厢内外章程》，规定"租界内华人以及产业应由各国巡防保护，租界外洋人教堂教民，应由中国官妥为巡防保护"，对于"聚众滋事"的人，要"一体严拿，交地方官从重严办"。

根据《东南互保章程》，在两江总督所辖的江苏、江西、安徽和湖广总督所辖的湖北、湖南等东南地区的五个省份内，中外反动势力勾结起来，共同镇压中国人民的反帝运动，实行所谓"互保"。

后来，两广总督李鸿章、闽浙总督许应骙和山东巡抚袁世凯等军阀官僚，也都表示和东南各省采取一致态度，在他们所辖的地区内也像两江、两湖一样和帝国主义勾结起来，加强了对中国人民反帝运动的镇压。

"互保"的局面，在义和团运动期间在东南各省一直保持着。在这期间，英国曾陆续派遣军舰开往上海、南京和汉口等沿江口岸，帮助当地军阀官僚镇压人民的反帝运动。

"东南互保"的实行，使东南各省人民的反帝运动受到了严重的压制和阻碍，没有能够发展成为大规模的反抗斗争。这项罪恶活动，在当时起了保护东南各省帝国主义和军阀官僚的反动利益，稳定这一地区半殖民地统治秩序的作用。

（荣国汉）

26

扫清灭洋

　　1902 年（光绪二十八年），即义和团运动失败的第三个年头，在直隶省（今河北省）广宗、巨鹿一带爆发了一次规模较大的农民起义。这次起义提出了"扫清灭洋"的口号。

　　1900 年义和团运动失败后，清朝政府完全投降了帝国主义。为了尽量满足帝国主义的侵略要求，清朝统治者向全国人民进行了疯狂的搜刮。《辛丑条约》订立后，清政府不仅要向帝国主义交付四亿五千万两的"赔款"，同时各省还要担负大批的"教案赔款"。清政府为了筹措这笔巨额的"赔款"，发动全国各地官吏，向人民进行了"挨户摊派""非刑威逼"的搜刮。1902 年爆发的"扫清灭洋"起义，正是由清政府地方官吏强迫广宗农民缴纳"教案赔款"所引起的。

　　1901 年春，广宗知县王宇钧向人民勒索"教案赔款"。当地人民得知这笔赔款是赔给教堂和教民后，纷起反对，并推景廷宾为领袖，进行了两次聚众抗拒活动。景廷宾是广宗县东召村人，考中过清朝的武举人，是当地"联庄会"的总团头。1901年末，新任知县魏祖德到任后，又勒令各村按亩摊派，因而激起了人民的更大愤慨。景廷宾召集联庄会在城郊进行武装示威，并且宣布：所有地丁捐款概不缴纳。直隶总督袁世凯见景廷宾"聚众抗捐"，于1902年3月调动军队进攻东召村。东召村的农民，在景廷宾的领导下奋起反抗，从拒捐运动转向了武装起义。

起义爆发后，东召村在反革命的突然袭击下，很快便被攻陷。景廷宾在农民群众的推动与支持下，率领起义军转移到巨鹿县厦头寺，继续战斗。景廷宾在厦头寺建立"龙团大元帅"的名号，树起"官逼民反""扫清灭洋"的大旗，表现了反帝反封建的昂扬斗志。"扫清灭洋"这一鲜明口号的提出，极大地鼓舞了长期处于帝国主义和封建势力压榨下的农民群众，远近农民迅速地集聚在"扫清灭洋"的旗帜下，同反革命军队展开了英勇的斗争。

随着起义势力的日益发展，起义军在军事上不断取得胜利。起义军一度攻破威县和广宗县城，并包围了冀州、南宫、枣强、赵州、隆平县，打得敌人头破血流。起义军号召人们"杀一洋人，赏钱一百吊"，并围攻威县法国天主教堂，杀死了罪大恶极的神父罗泽甫，严惩了那些骑在中国人民头上为非作歹的洋教士和教民。

在起义军的有力打击下，帝国主义和清朝统治者被吓得惊魂失魄，赶忙调集军队前往镇压，袁世凯在清政府"从速扑灭，务绝根株"的严令下，派其部下段祺瑞等率军反攻。在敌对势力的疯狂进攻下，起义军逐渐失利。起义势力控制的巨鹿、威县、广宗等地先后为反革命军队所攻陷。景廷宾率部众撤到成安，最后又由成安向河南撤退，途中不幸为清军追获，押回威县，英勇就义。临刑前，景廷宾当众高呼："乡亲们，不要怕，咱们的人到处有，今天杀了我，明天就会出现更多的景廷宾。"表现出视死如归的英雄气概。

（马汝珩）

27

颐和园

颐和园是在北京西北近郊的一所大型园林建筑。园内以万寿山和昆明湖为主，在湖山之间建有各式各样的楼台殿阁、亭榭桥廊，再点缀上松柏花木，使自然山水与人工布置结合得极为谐和，气象壮丽而境界幽美，体现了我国园林艺术家和建筑工人的高度智慧和杰出技能。

这里原名清漪园，是1750年清朝的乾隆皇帝下令改建的。这年，他为了给他的母亲庆祝六十岁"万寿"，在这里的瓮山上修建大报恩延寿寺，改瓮山名为万寿山。在山前的湖水东岸筑堤蓄水，使湖增大，模仿汉武帝在长安凿昆明池练水军的故事，也在这里观看水操，并命名为昆明湖。这一处湖山，从此便成了圆明园附近的又一所禁苑。

咸丰十年（1860）英法联军侵入北京，焚毁圆明园，清漪园也同时被毁。十几年以后，慈禧太后想修复圆明园，供她游乐，但

▲ 英国·李通和《帝国丽影·颐和园万寿山》

▲ 英国·李通和《帝国丽影·颐和园清晏舫》

因需款太大，未能进行。又过了十几年，慈禧太后在建立海军以加强国防的名义下，责成各省年年拨解巨款，而暗地从中提取经费，于1888年重修清漪园，作为她"颐养天年"的地方，园名也改为颐和园。她搜刮了人民大量的膏脂血汗，修成了这个华美壮丽的庭园，供她一人享受游乐。1894年，中日甲午战争爆发，李鸿章负责经营的北洋舰队全军覆没，中国海陆军大败。第二年签订《马关条约》，割地赔款，丧权辱国，全国人民正悲愤莫名的时候，慈禧太后却仍旧安然地在颐和园避暑度夏。当时民间曾传述一副对联来表达他们的满腔愤懑：

台湾岛已割日本
颐和园又搭天棚

1900年，八国联军侵入北京，颐和园又遭到侵略军的破坏，慈禧太后从西安回来之后再予修整。清政府被推翻后，颐和园于1924年被辟为公园，但在北洋军阀、国民党和日伪统治时期，管理不善，日渐残破。新中国成立后，这所园林回到了人民手中。为了保护这一所大型园林建筑遗产，经过大力修整，颐和园面貌焕然一新。颐和园经过园林建筑艺术家和能工巧匠的精心创造后，获得了新的青春生命，每日以清爽愉快的风貌接待着成千上万的游人。

（张守常）

28

慈禧太后

▲ 慈禧像

慈禧太后（1835—1908）出身于满族贵族家庭，称叶赫那拉氏。咸丰元年（1851）她十七岁时，被选进皇宫，成为清朝咸丰皇帝的嫔妃。初封"懿贵人"，是嫔妃的第五级。后来晋封为"懿嫔"。1856年时，她生了儿子载淳，随即晋封为"懿妃"。第二年又晋封为"懿贵妃"，仅次于一级的"皇贵妃"，列为宫廷中嫔妃的第二级了。她的"地位"扶摇直上，使她有机会参与政事，并产生了掌握统治权力的欲望。1861 年咸丰皇帝死去，她的儿子载淳才六岁，便继承了帝位，这就是同治皇帝。同治皇帝的年龄很小，不能掌管国家政事，她就以皇太后的身份，打破清朝成例，实行"垂帘听政"，称为慈禧太后（或称西太后）。从此，慈禧就正式地爬上了统治中国的政治"宝座"，成为中国近代历史上最黑暗、最腐败、最反动的封建统治势力的代表，并且充当起帝国主义侵略中国最得心应手的工具。

慈禧太后为了巩固她的统治地位，头一件事就是联络奕䜣等洋务派势力，取得帝国主义的同情与支持，用阴谋手段发动了 1861 年的"北京政变"，把当时掌握清朝政府中央实权的满族亲贵载垣、端华、肃顺等"议政王大臣"处死，消灭了她的政敌。接着，又使用各种手段，培植她的党羽爪牙，在她周围形成了一个由许多满族亲贵和一部分汉族地主官僚组成的"慈禧集团"。

慈禧太后刚刚打倒了她的政敌，巩固了自己的统治地位，就立刻把大屠杀的刀锋指向了正在轰轰烈烈展开斗争的太平天国和捻军，她十分明确地宣称，这些革命农民是她的"心腹之害"。她迫不及待地和英法侵略者勾结起来，让那些火烧圆明园、抢劫京津、屠杀中国人民、犯下滔天大罪的侵略军队，来镇压中国人民。在慈禧的主持下，中外反革命势力对太平天国革命运动进行了联合进攻，终于在 1864 年将太平天国革命镇压下去了。不久以后，又血腥地镇压了捻军以及各地的人民起义。慈禧太后就这样扼杀了中国近代史上的第一次革命高潮，取得了封建统治的暂时稳定。

慈禧太后勾结外国侵略者镇压了人民起义以后，就一方面尽量地宣扬她镇压人民的"功勋"，挂出一面"同治中兴"的招牌；

另一方面极力铺张挥霍，追逐骄奢淫逸的生活。她最宠爱的太监，先有安德海，后有李莲英，"招权纳贿"，肆行搜刮，以供挥霍，把宫廷弄得乌烟瘴气。今日宴会，明日赏赐，"天天过年，夜夜元宵"。除宫廷靡费外，她进一步大兴土木，劳民伤财。例如，修建颐和园，据说，"土木之费，几七千万，穷极奢侈"。其实修建颐和园的花费，远远超过此数。因为除挪用了"筹设海军经费"三千六百万两外，还得加上各地官僚从人民身上搜刮来向她"报效"的许多银钱。1894年，慈禧太后为了庆祝她自己的六十岁生日，下令各省准备景物"点景"。从紫禁城到颐和园的路上，各省分布"点景"，实际成了一次铺张浪费的大比赛。

慈禧太后整日生活在骄奢淫逸之中，对于日益严重的民族危机，根本不闻不问，相反地，她还常常把外国侵略势力当作保护她统治地位的靠山。因此，她对外政策的原则就是屈辱投降，卖国求荣。她和她的集团曾经公开说过，他们对于外国侵略者的方针是："量中华之物力，结与国之欢心。"这两句话确实是慈禧和她的集团奴才嘴脸的最好的自我写照，是他们卖国求荣的反动本质的深刻的自我揭露。慈禧太后在处理所有对外交涉事件中，都是按照这个原则办事的。例如，1885年，中国军民在抗击法国侵略的战争中，和越南人民一道，在镇南关（今友谊关）一带打退了敌人的进攻，并且乘胜追击逃敌，取得了辉煌的胜利。但是以慈禧为首的清朝统治集团却把胜利作为议和的阶梯，提出"乘胜即收"的投降卖国论调，立即结束战争，并和法国签订和约，使中国丧失了大量主权利益。

在中日甲午战争中，中国进行的是正义的民族自卫战争，而且军事力量并不弱于日本，但是慈禧太后及其统治集团执行卖国投降的政策，始终对战争抱着消极态度，不做战争准备，却把希望寄托在别国的干涉和调解上，到处求人。结果战机全失，海陆军遭到惨败，还签订了割地赔款的《马关条约》，使中国又丧失了大量的主权利益。

在义和团反抗八国联军的战争中，慈禧太后统治集团害怕义和团强大的反帝反封建拳头，打到自己身上。他们一面假意表示支持义和团的反帝斗争，企图利用帝国主义达到消灭义和团的目的，另一面却又积极准备投降帝国主义。八国联军打到北京，慈禧太后立即逃往西安，她在逃跑的路上下令清军配合帝国主义屠杀义和团，完全公开地和外国侵略者结合起来。李鸿章、奕劻执行着慈禧太后的对外方针，于1901年签订了丧权辱国的《辛丑条约》，彻底地出卖中国、出卖人民。慈禧太后就这样阴险狠毒地反对和破坏民族自卫战争，又一次扑灭了中国近代史上第二次革命高潮。

中日甲午战争后，中国面临着被瓜分的危机。代表中国资产阶级要求的知识分子和一部分中小士大夫，掀起1898年的戊戌变法运动。企图通

▲ 慈禧"暂避出京"

过自上而下的改良主义的变法道路，使中国摆脱被瓜分的危机，走上独立富强的道路。戊戌变法在当时的历史条件下，具有进步性。但慈禧太后统治集团，根本拒绝和害怕在政治上做任何改革。她纠合封建顽固势力，反对变法，反对进步，并暗中布置力量，又一次采取宫廷政变的手段，把光绪皇帝囚禁起来，废除维新政令，大肆捕杀戊戌变法的志士，扼杀了维新运动。

义和团运动后，资产阶级民主革命运动迅速地发展起来，形成了中国近代历史上的第三次革命高潮。反动的慈禧太后竭尽一切力量，想扑灭这次革命的火焰，破坏和镇压革命。但是，她的反革命事业并没有成功。1911 年，终于爆发了辛亥革命，推翻了腐朽的清王朝。而慈禧太后比那个封建朝廷更早地结束了自己的生命，在 1908 年就在革命高涨的形势下死去了。

（袁定中）

29

赫德

赫德（1835—1911）是英帝国主义分子，他在帝国主义侵略中国的历史上是一个重要的角色。

1854年，上海正在进行轰轰烈烈的小刀会起义的时候，英、美、法等外国侵略者从清政府手里夺取了上海海关的管理权，接着，在几年之内，全国各地的海关管

▲ 赫德像

理权也都落入了外国侵略者的手里。1859年（咸丰九年），赫德担任了广州海关的副税务司（"税务司"是管理海关税务的官员）。由于赫德使用了"貌类忠诚，心怀鬼蜮"的两面手法，所以很快就

得到了帝国主义和清政府两方面的信任。1863 年（同治二年），他被正式任命为海关总税务司，统一管理全国的海关。

赫德担任总税务司的职务一共有四十六年之久，直到 1909 年（宣统元年）才去职回国。在这一段时期内，他深深地取得了帝国主义和清朝封建政权的信任，中外反动势力对他十分重视，倍加赞赏。英、法、日、俄等帝国主义政府给赫德的勋章、爵位共有二十四次之多，清政府给赫德的奖励也有八次。

赫德利用总税务司的职位，从各方面伸张帝国主义的侵略权利。他在上任后不久，就给中国海关制定了一套殖民地性质的管理制度。按照这套制度，总税务司掌握海关行政、用人和财务大权，各地税务司只向总税务司个人负责；各地税务司和高级职员都由外国人担任，中国人只能充当下级职员。通过这套制度，帝国主义便全部控制了中国海关的管理权。当时海关税收是清政府的一项很重要的财政收入，也是清政府借外债和偿付赔款的重要抵押，所以帝国主义控制了中国的海关，同时也就掌握了清政府的财政经济命脉。赫德因此也就可以利用他的总税务司的职位来干涉和支配清政府的内政和外交了。

赫德受任总税务司之后不久，就向总理衙门呈递了一篇叫作《局外旁观论》的建议书，里边说道："现在某事当行，某事不当行，已有条约可凭。"他还用威胁的口吻说："民间立有合同，即国中立有条约。民间如违背合同，可以告官准理，国中违背条约，在万国公法准至用兵。"赫德提出这个"建议"的目的很明显，因为这时各资本主义国家已迫使中国订立了许多不平等条约，进一步地，它们就要求保证"条约权利"的完全实现，赫德的建议书就是用软硬兼施的办法叫清政府充分满足侵略者在条约中规定的种种特权。

赫德的"建议"对清政府是很有影响的。一个外国人曾经这样说："（清政府在）一切国际问题上，从商议一个条约到解决一个土地纠纷，都常常依赖北京的总税务司的意见并求得他们的帮助。"事实的确是这样。赫德曾经一手包办地代替清政府谈判和签订过许多条约。例如，1876 年，赫德作为清政府的外交顾问，参与了清政府和英国的谈判，他为了英国的利益，促使清政府和英国订立了《烟台条约》，使英国不仅扩大了在中国内地通商的权利，而且还取得了侵入云南和西藏的权利。又如，在中法战争的谈判中，赫德装成是热心公正的"和事佬"，竭力怂恿清政府向法国妥协。赫德自己在当时就曾扬扬得意地说："目前的谈判，完全在我手里！"正当中国在军事上取得胜利的时候，中国却在赫德的主持下签订了《中法新约》，丧失了许多利权。1900 年的义和团反帝运动被镇压以后，当帝国主义各国正在争吵今后用什么办法侵略中国对他们更有利的时候，赫德又以"中国通"的资格提出了扶植清政府，通过清政府这个傀儡来间接统治中国人民的主张。以后帝国主义各国正是按照赫德的建议，采取了"以华治华"的办法，扶植清政府作为奴役中国人民和扩大侵略势力的工具。

（荣国汉）

李提摩太

李提摩太（1845—1919），英国人，他是一个典型的披着传教士外衣的帝国主义分子。他从1870年（同治九年）起，在中国住了近四十五年，在对中国"友好"的伪善面孔下干了许多侵略中国的罪恶勾当。

李提摩太初来中国的时候，正是英国侵略者阴谋把它的侵略势力从中国的沿海沿江地区伸入到中国内地的时候。英国侵略者为了实现这个目的，派出一批人打着"传教"的幌子到中国来进行欺骗活动，并在暗地里收集有关各地民情风俗、地理交通、资源气象等方面的情报，为以后进一步侵略做准备。李提摩太就是奉了这个使命来到中国的。他起初在东北、西北、山东等地活动，一方面收集情报，一方面收买勾结各地大大小小的封建官僚。后来，他又在英国政府的指使下，把他活动的中心转向清朝中央政府，拉拢更高一级的官僚，除向他们刺探清政府在政治、经济、军事各方面的情报外，还向他们灌输一套反动卖国的奴化思想，使他们靠拢英国。李提摩太的这些活动，正好适合头号大卖国贼李鸿章的需要。1890 年（光绪十六年），李鸿章请李提摩太到天津当《时报》的主笔。李提摩太喜出望外，便利用《时报》大肆宣传帝国主义强盗哲学，说什么世界上有三等人，在他看来，英、美等国的人属于上等人，大多数中国人属于中等人，而非洲人和中国的一些少数民族属于下等人。说什么英国不是来侵略中国的，是给中国送文明来的。李提摩太就是用这样一些谎言谬论，向人们灌输奴化思想。1894 年，日本在英、美帝国主义支持下，对我国发动了侵略战争。李提摩太立刻大卖力气，在大官僚群中奔走呼号，散播失败主义的调子，鼓动清政府向帝国主义侵略强盗投降。清政府向日本出卖大批国家主权后，帝国主义各国展开了一场抢夺中国的大竞争。李提摩太为了给英帝国主义夺得更多的利权，向李鸿章、张之洞等人，提出一个所谓"救中国"的妙方。这个妙方的第一条是订立中英同盟；第二条是由英国派人管理中国的海军、陆军、财政、民政；第三条是英国人在中国有修筑并管理铁路、开采并管理煤矿和其他矿产，以及在通商口岸开办并管理各种工业的特权；第四条是增开新口岸，改订税收等。简单一句话，就是要把中国干脆送给英国保管，当英国的殖民地。

甲午战争以后，接着就发生了戊戌变法运动。李提摩太为了把这个运动引向有利于英国侵略利益的道路上去，便竭力装出赞成维新的姿态，并积极拉拢康有为、梁启超等维新人物。当他取得了维新派的信任之后，便别有用心地提出建议，要求任用外国人"帮助"中国实行"变法维新"。后来维新运动失败，李提摩太的阴谋也就落了空。

　　义和团反帝斗争像熊熊烈火一样燃烧起来后，李提摩太到处叫骂、诬蔑义和团，威胁清政府加紧镇压，鼓吹各帝国主义国家出兵干涉。义和团运动后，他向山西勒索了五十万两银子的"罚款"，成立"中西学堂"，后来又改为"山西大学堂"。他一手把持学堂的行政管理，灌输奴化思想，培养洋奴买办。辛亥革命以前，他又竭力反对孙中山领导的革命活动，对孙中山极尽造谣中伤之能事，企图破坏革命运动。可是螳臂当车，革命的洪流终于抵挡不住，李提摩太只好眼睁睁地看着依附帝国主义的封建王朝在革命人民的打击下灭亡。

（美珍）

帝国主义在中国开设的银行

　　帝国主义在中国开设银行，是它们对中国进行经济侵略和政治侵略的重要手段。

　　最早在中国开设银行的是英国。鸦片战争以后，英国资本主义把大量的纺织品、鸦片烟和其他商品运入中国，又从中国掠取丝、茶运回本国，他们通过这种掠夺性贸易获取暴利，剥削中国人民。为了办理大量款项的汇兑和周转，以便进行这样的贸易，他们便开始在中国筹设银行。1848年，他们在上海设立了第一家外国银行——东方银行的分行，中文名字叫作"丽如银行"。

　　1854年，英国又设立了"有利银行"，1857年设立了"麦加利银行"。后来，麦加利银行又在汉口、天津、广东、福州、青岛等地先后设立了分行。这些银行成立后，营业很兴盛，获得了高额的利润。特别是麦加利银行，更成为英国在中国最老的金融侵略机构。

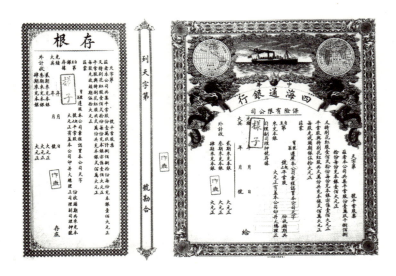

▲ 光绪年间银行股票

　　第二次鸦片战争之后，英、法等资本主义国家取得了更多的侵略特权，接着，英、美、法等国又帮助清朝封建政权镇压了太平天国革命运动。在这种形势下，侵略强盗们准备对中国进行更大规模的经济侵略活动。1867年，在香港的英国资本家联合了当地一部分德国、美国商人，共同创立了"汇丰银行"，次年还在上海设立了分行。后来，汇丰银行就逐步发展成为英国对中国进行经济侵略的大本营。

　　据一个外国人的统计，英国银行"在中国支店的数目，1870年有十七个，1880年有十九个，1890年有三十个；它们的联合资本，在1880年时达一千六百八十一万英镑"。在这些银行中，势力最大的是汇丰银行，"它为了英国人的利益而用不正当的手段操纵贸易"，而且成了"压倒一切的财政势力"。

与此同时，其他一些资本主义国家也不甘落后，纷纷在中国开设银行。如：1863 年前后，法国的法兰西银行在香港和上海设立了分行；1872 年，德国的德意志银行也在上海设立了分行；1889 年，德国十三家银行合资在上海创设了"德华银行"，资本达白银五百万两。

　　到了 19 世纪末期，世界主要资本主义国家先后发展到帝国主义阶段，它们对中国的经济侵略已不只是商品输出，而日益注重于资本输出了。各帝国主义国家更加积极地在中国开设银行。银行的作用也根本改变了，它的主要任务已不是一般的为商品输出服务，而成为帝国主义垄断资本输出的指挥机构和执行机构了。

　　1893 年，日本的横滨正金银行在上海开设了分行。1895 年，沙皇俄国成立了华俄道胜银行。1899 年，法国的东方汇理银行在

▲ 华俄道胜银行天津分行大楼

上海成立分行。1902年，美帝国主义对中国进行经济侵略的大本营——花旗银行的上海分行正式开业。

这些银行成立之后，不但经营一般的银行业务，而且垄断了中国的财政金融。它们掌握了清朝政府的借款（甲午战后，清政府为偿付巨额赔款，向外国大举借债，各帝国主义国家在借款给清政府时取得很多权益），投资于铁路和矿山，发行纸币，操纵市场。例如，华俄道胜银行在章程中擅自规定"在中国境内承包税收；经营有关中国国库的各项业务；在中国政府授权之下，发行货币，偿付中国政府所负的债息；修建中国境内的铁路及安装电线"等。

据统计，一直至中华人民共和国成立之前，帝国主义在中国先后设立过的银行共有八十多家。直到中华人民共和国成立，帝国主义垄断中国财政金融的状况才被消灭。

（任红）

退款兴学

    1901 年，帝国主义强盗在镇压了中国人民伟大的反帝爱国运动——义和团运动以后，强迫清朝政府订立了《辛丑条约》。帝国主义强盗向中国勒索了大批"赔款"。这批"赔款"就是历史上所说的"庚子赔款"。同其他帝国主义一样，美帝国主义在镇压义和团运动的血泊中，也捞得一笔为数不小的赔款。

    1909 年，美国资产阶级政府，把从中国掠夺去的"庚子赔款"的一部分，用来在中国兴办学校，"培养"中国的留学生，"教育"中国学生。这就是所谓的"退款兴学"。一贯处心积虑侵略中国的美帝国主义，为什么这时居然大发"善心"，竟"帮助"中国发展教育事业呢？原来美帝国主义在实行"退款兴学"手法的后面，隐藏着一个巨大的侵略阴谋。

    1900 年的义和团反帝爱国运动，沉重地打击了外国侵略者。同其他帝国主义一样，美国侵略者发觉单靠武力是不能征服具有光

荣革命传统的中国人民的，他们决定配合使用武装侵略和精神侵略
这两种不同的侵略方式。于是就开始酝酿"退款兴学"的侵略方
案，企图用这种办法达到在政治上、思想上麻醉和俘虏中国人民的
目的。1905 年，由于美国虐待华工引起了中国人民的反美爱国运
动，中国人民以抵制美货和经济绝交手段，给了美帝国主义重大
的打击。1907 年，一个长期在中国传教的美国侵略分子明恩溥出
版了《今日的中国与美国》一书，积极鼓吹"退款兴学"的主张。
他在这本书里还转引了 1906 年美国伊里诺州大学校长詹姆士给美
国总统的《备忘录》。詹姆士在《备忘录》里毫不隐讳地道出了
"退款兴学"方案的侵略目的，他说："哪一个国家能做到教育这一
代的青年中国人，哪一个国家就将由于这方面所支付的努力，而在
道义的、智力的和商业的影响上，取回最大可能的收获。如果美

▲ 1910 年第二批庚子赔款留美学生合影

国在三十五年前已经做到把中国学生的潮流引向这一个国家来，并能使这个潮流继续扩大，那么，我们现在一定能够使用最圆满和最巧妙的方式，来控制中国的发展——这就是说，通过那种从智力上与精神上支配中国的领袖的方式。"接着，他更加露骨地说："为了扩张精神上的影响而花一些钱，即使从纯粹物质意义上来说，也能够比别的方法收获得更多。商业追随精神上的支配，是比追随军旗更可靠的。"詹姆士的言论，已把美国"退款兴学"的阴谋实质，不打自招地供认出来了。

可见，美国侵略者"退还"的目的不是别的，而是为了对中国实行更为阴险毒辣的精神与文化上的侵略政策。美帝国主义对中国的精神侵略，不止于在中国办学校，同时还扩及精神、文化领域的各个方面，"由宗教事业而推广到'慈善'事业和文化事业"。

（马汝珩）

新政 预备立宪

　　从义和团运动以后，一次新的革命高潮立即在酝酿着，各地农民的斗争此起彼伏，资产阶级革命派领导的革命运动也迅速地发展起来。

　　在这样的形势下，清政府已经不能照旧地统治下去了。为了挽救它的反动统治，清政府在 1901 年就发布了个"变法"的通告，宣布要实行所谓"新政"。

　　"练兵筹饷"是"新政"的主要内容。为了加强镇压人民的反动武装，清政府在中央新设"练兵处"，在地方设立"督练公所"，编练新军；并且设立"巡警部"，举办警政。为了搜刮钱财，清政府又增添了许多名目的捐税，加紧敲诈和勒索人民——这是"筹饷"的唯一手段。

　　为了讨好帝国主义，清政府还把原来的总理衙门改为外务部，列为政府各部之首，并且颁布了一系列有关保护外国资本在华特权的章程，进一步出卖国家的主权。

为了拉拢当时新兴的民族资产阶级，清政府还采取了一些向民族资产阶级让步的措施，包括：设立商部、学部，制定实业章程，废八股，停科举，设学堂，派遣留学生等。

从以上这些"新政"措施可以看出，清政府实行"新政"的目的，一则是做出姿态，表示自己要"革新政治"，企图用这些办法来欺骗人民，缓和人民的革命情绪，并拉拢民族资产阶级；二则是为了讨好帝国主义，通过实行"新政"和帝国主义进一步勾结起来；三则是想通过"新政"加强封建统治力量。

可是，清政府的"新政"并不能挽救它的垂危命运。1903年后，宣传革命的书报杂志像雨后春笋一样出现，革命团体也纷纷成立，各地人民的反抗斗争更是风起云涌。清政府越来越深地陷入摇摇欲坠的境地。

在革命运动蓬勃开展的同时，民族资产阶级中一部分上层分子却竭力要求清政府实行"立宪"，企图用改良的办法来对抗革命，以保存清朝统治，并使自己挤进这个政权中去。清政府为了抵制革命，拉拢资产阶级上层，便又装出一副准备实行"立宪"的姿态，想用这种办法来逃脱革命风暴的袭击。

1905年（光绪三十一年），清政府玩弄"立宪"的骗局，派遣亲贵载泽等五大臣出国"考察宪政"。但是，人民早看穿了清政府的这一花招。革命志士吴樾就曾写文章揭露"立宪"的阴谋，并在五大臣启程的那天揣着炸弹到车站去炸他们，因炸弹爆炸过早，吴樾被炸牺牲。五大臣吓破了胆，有两个再也不敢出头，清政府只得重新拼凑了五大臣出洋。1906年载泽等回国奏请立宪，说它可以固帝位、减外患、除内乱，还说，今天立宪只不过是"明示宗旨"，至于真正实行立宪的时间尽可推迟。清政府自然很中意，当年9月宣布"预备仿行立宪"。接着，一面下令在中央筹设"资政院"，并在各省设"咨议局"；一面却以改革官制为立宪第一步的名义，积极推行由皇族独揽大权的政策，还加紧编练新式军队，加强反动武装力量。"预备立宪"的骗局耍开了。

资产阶级改良派全力拥护清政府的预备立宪，他们在江苏、浙江、湖南、湖北、广东等地筹备立宪机构，并向清政府请愿要求早日召开国会；流亡海外的康有为、梁启超等也声嘶力竭地摇旗呐喊，请求立宪，因此，历史上又称他们是"立宪派"。这时，全国人民的反抗斗争和革命党人的武装起义更加发展了。清政府被迫在1908年8月又颁布了一个《钦定宪法大纲》，并宣布预备立宪期为九年。这个既是"钦定"又是"宪法"的非驴非马的"大纲"，一共有二十三条，其中十四条规定皇帝享有至高无上的权力，人民实际上得不到任何真正的权利。

"立宪派"为了取得政治地位，在1910年2月到10月，由各省派代表到北京连续三次请求清政府开国会、组内阁。他们向封建朝廷叩头请愿，痛哭流涕，却得不到清政府的半点怜悯。只是在国内革命形势更加发展的压力下，清政府才在1911年5月成立了一个内阁，因为主要阁员都是皇族，人们管它叫"皇族内阁"。不久，辛亥革命爆发，这场丑剧才没有继续演下去。

（吕翼祖）

派遣留学生

中国近代史上最早的留学生是容闳，他于咸丰四年（1854）从美国耶鲁大学毕业。不过，清政府正式派留学生到外国留学是从同治十一年（1872）开始的。

1840 年以前，外强中干的清朝统治，表面上还是一个强大的封建国家，但实际上十分衰弱，早已危机四伏了。清朝统治者一方面自以为是天朝上国，对当时已经进入资本主义社会的西方国家很看不起；另一方面又很害怕本国人民与外国接触，深恐由此招来"内忧""外患"，危害自己的统治。所以，它严格地采取了"闭关锁国"的政策，也就是拒绝和外国往来的政策。

鸦片战争爆发，西方国家对中国发动了武装侵略，昏庸无能的清政府无力抵抗，"闭关政策"被"炮舰政策"冲破了。清朝统治者被洋枪洋炮吓破了胆，变得卑躬屈节，对洋大人恭顺起来，但同时他们也发现洋枪洋炮对镇压人民的反抗和维护封建统治大有

▲ 出国前的留美幼童合影

用处。因此，便兴办军火工厂，制造枪炮轮船，以加强统治力量。
同时，为了学会这方面的本领，清政府决定派遣留学生出国留学。

从 1872 年起，清政府每年派遣三十名十岁至十六岁幼童去
美国留学，四年之中，一共派出了一百二十名。原定留学期限是
十五年，后来清朝统治者发现这些幼童受过几年美国教育之后，举
止行动与中国封建统治阶级的礼教习俗大相背离，感到大为不安。
因此在 1881 年，又下令一律撤回。这样，派遣留学生一事就中断
了一个时期。但不久由于培养封建统治工具的需要，又恢复了。

清政府早期派遣的留学生的人数不多，主要派往欧美各国，
学习军火生产的技术和军事。甲午战争以后，人数逐渐增多，学
习的内容也从军事扩大到农业、工业、商业和矿冶、铁路工程等
方面。

派遣留学生的极盛时期是在义和团运动被镇压以后。当时清政府为挽救垂死的封建专制统治，实行了一套骗人的"新政"，并且为此向外国特别是日本大批派遣留学生。全国广大知识分子，这时基于对外国的侵略和清政府的统治的不满，也纷纷自费出国留学，寻求救国的办法。一时留学外国蔚为风气，留学生之多，达到了空前的程度。其中以去日本的为最多，在1906年达到了一万二三千人，去欧美的也不下几千人。

　　帝国主义对中国实行军事的、政治的、经济的侵略的同时，也注重文化上的侵略。为了实现侵略的野心，它们很需要从精神方面毒害中国人民，很需要培养为它们服务的买办奴才，因此，都加紧吸收中国留学生，其中以日本和美国尤为积极。在日本，不但为接纳中国留学生设立了许多学校，而且还派了大批特务在留学生中大肆活动。后来，狡猾的美国强盗为了侵略的需要，装出一副伪善面孔，从血腥镇压义和团而掠夺去的"庚子赔款"中，拿出一部分来，美其名曰"退还赔款"，用来作为培养留美学生的费用。

　　但是，事情恰好走向帝国主义和清朝反动统治者所希望的反面。除少数一部分人甘心替中外反动势力服务，媚外卖国，成为毫无骨气的民族败类外，大部分留学生都是爱国的，不但不肯为中外反动派效力，而且为祖国的独立和进步，作出了贡献。许多留学生回国以后，致力于中国的社会改革，把西方文化介绍到中国来，如严复翻译了许多资本主义社会学说的著作，并且参加了戊戌维新运动。还有许多人从事于祖国的建设事业，如第一批留美学生中的詹天佑，在中国铁路建设上，创造了很大的成绩，成为清末杰出的工程师。特别是在辛亥革命时期，大部分留日学生投身到革命的洪流之中，成为辛亥革命的先锋、骨干或领导人物，对于推翻清朝统治的旧民主主义革命，起了一定的作用。

（鲁素）

日俄战争

　　义和团运动失败后，帝国主义对中国的侵略更加深入和剧烈了，中国的东北是它们争夺得非常激烈的地区。帝国主义之间，明争暗斗，互不相让，矛盾十分尖锐，后来发展到必须用武力来解决的程度，终于在1904年爆发了日俄战争。

　　义和团运动期间，沙皇俄国以武力侵占了中国东北，直到日俄战争前，大部分东北地区，还处在沙皇俄国的军事占领之下。日本对东北早有野心，力图排挤沙俄，取代它在中国这个地区的侵略地位。美帝国主义企图利用日本达到它插足东北的目的，英帝国主义害怕沙俄在中国势力的发展，影响它在中国的侵略利益，也积极支持日本。1902年1月，英国和日本结成了反对俄国的军事同盟。1904年2月8日，日本军队突然袭击在旅顺口的俄国舰队，战争爆发了。

　　日俄战争从开始到结束都是在中国领土上进行的，目的是抢

▲ 日俄战争中俄军的鹰号战列舰

▲ 受创的鹰号战列舰

夺中国的东北。腐朽透顶的清政府不但不采取任何保卫国家领土和主权的措施，反而宣布在战争中"严守中立"，把辽河以东的地区划做战场，听凭日俄两国军队在东北残杀中国人民，劫掠财物，焚毁房屋，破坏生产，并且严令各地官吏加紧监视和镇压反抗的人民。

这一场战争，打了将近一年零七个月，最后俄国被打败了。

1905 年 9 月，日俄两国代表在美国的朴次茅斯缔结和约，这就是《朴次茅斯和约》，条约的主要内容是沙皇政府同意把在中国东三省的一部分侵略权益转让给日本，其中包括旅（顺）大（连）租借地，长春到大连的铁路（所谓"南满铁路"），及与这些租借地和铁路有关的一切权利。清政府不但不反对，并且还送给日本很多额外利益。

（美珍）

英国侵略西藏

英国侵略者自从把印度变为殖民地后，就野心勃勃地企图通过印度进占我国西南广阔富饶的边疆地区——西藏。19世纪60年代后，英国侵略者就从印度派遣了大批特务间谍扮作传教士和商人，潜入西藏，搜集情报，做进攻西藏的准备。1888年，英国侵略者公然派出军队，向西藏实行武装侵略，曾遭到西藏人民英勇的抗击。

1903年12月，英国侵略者发动了大规模的新的武装进攻。侵略军一踏上西藏土地，立即遇到西藏军民的英勇反击。藏族人民不分男女老幼，拿起土枪、土炮、大刀、长矛，甚至"恶多"（这是平时打鸟、打牲口用的，为一包小石头和一条绳子，用时把石头用绳缠起用力甩出），奋勇战斗，誓死保卫祖国，保卫家园。

江孜的保卫战最为英勇壮烈。江孜是西藏中心拉萨的屏障，藏族人民在这里布下了天罗地网，英勇阻击敌人。进攻江孜的侵略军被西藏人民和西藏地方军队包围了两个多月，最后，率领这支侵略军的军官只带领了三四十个卫兵趁夜逃出重围。

　　1904年6月中旬，英国重新拼凑的侵略军，携带各种新式武器，再次向江孜进犯。守卫在江孜的西藏地方军队和藏族人民一道重新布置战斗，第一天就在乃尼寺把侵略军打退。第二天，侵略军用大炮把乃尼寺的围墙轰倒，从缺口爬进寺内。寺内守军，个个手持大刀，奋勇杀敌，经过两小时的白刃战，杀死敌人多名，后来因侵略军愈聚愈多，才杀出重围退出乃尼寺。他们退到江孜城内，和守卫在那里的军队会合，利用江孜城内制高点的有利地势，向进城的侵略军英勇反击。侵略军用大炮、机枪几次发动了猛攻，都失败了。不幸，正在紧张战斗之时，军队的火药库突然失火爆炸，敌人趁机发动总攻。守在山上的军队在弹尽药绝的情况下，用石头坚持战斗，打退了敌人好几次进攻，直到最后，才边打边撤。等敌人集中火力冲到山顶时，山上已空无一人了。

　　江孜失守后，7月14日，英国侵略军开始向拉萨进攻。这时，达赖十三世已经出走，而清政府驻藏大臣有泰又存心媚外，不支持抗战，所以，虽然西藏的人民和士兵曾经英勇抵抗，但侵略军很快就侵入了拉萨（8月3日）。

　　侵略军在西藏各地杀人放火，奸淫抢掠，破坏寺庙，无恶不作。藏族的游击队不时出没于拉萨城内和郊区，不断地给敌人以意料不到的袭击。侵略者饱尝了藏族人民的铁拳，知道不可能长期占领西藏土地，便急急忙忙逼迫西藏部分地方官吏签订所谓《拉萨条约》，匆匆退走。

　　《拉萨条约》规定给英国侵略者在西藏保有极广泛的经济、政治特权，严重损害了中国主权，激起了全国人民，尤其是西藏人民的坚决反对。清政府对此条约也不予承认。1906年中英双方重订条约，英国侵略者虽然取得了一些侵略利益，但它企图分割中国领土西藏的阴谋终于遭到失败。

（美珍）

1905 年的反美爱国运动

　　自 19 世纪 40 年代起，美国为了开发西部地区，曾大批拐骗中国人去做苦工。到 1868 年（同治七年），在美国的中国工人已经有九万多人。这些中国工人受尽了美国资本家和美国政府的残酷的剥削、压迫和折磨，他们为开发美国西部地区贡献出了巨大的力量。

　　1877 年，美国发生了经济危机，工人大批失业，工人运动到处兴起。美国资产阶级为了转移国内工人阶级的斗争目标，便极力散布种族仇恨，把资本主义的罪恶——工人失业，说成是由于华工夺去了他们的饭碗，借此挑起了排华风潮。当时，美国政府陆续订立了许多排华的法律。排华惨案在各地不断发生。比如1886 年发生的洛士丙冷惨案，美帝国主义不仅将当地华工房屋一举烧光，并且残杀华工二十八人。又如 1900 年檀香山的美国当局借口检查疫病，竟放火烧尽了当地唐人街，华侨财产损失二百六十余万元。 几十年中，为美帝国主义所蓄意挑起的这类排华惨剧，几遍全美，举不胜举。 美帝国主义不仅对华工横加残害，还把暴行扩及旅美的中国学生和过境的一切中国人，只要是中国人到了美国，美国海关即以检查疫病为名，横加欺辱。 对于美帝国主义虐待和残害华工的暴行，中国人民极为愤慨。

1904 年，中美签订的《华工条约》有效期限——十年满期，美帝国主义不仅对中国人民提出的废除这一不平等条约和改变虐待华人各种措施的要求一概不加理睬，反而强迫清政府继续签订更为苛刻的条约。 这样，就激起了中国人民更大的愤怒，全国人民很快就掀起了声势浩大的反美爱国运动。

1905 年 5 月 10 日（光绪三十一年四月七日），上海商界人士召开商务总会，讨论抵制美货的办法。 议决以两月为期，到时如果美国仍然拒不接受中国人民的正义要求，便以不运销美货相抵制。 这一倡议立即得到了广大人民的支持，全国许多城镇的工商业者、学校和群众团体都起来响应，加紧反美爱国运动的宣传，通过抵制美货的决议。 等到两个月的限期已满，美帝国主义仍然没有理会，反美爱国运动便迅速进入高潮。

这时，全国各界人民以及海外华侨一致行动起来，积极地开展了抵制美货的各种活动。 运动一开始，各地学生和知识分子就纷纷举行集会演说，散发宣传品，相约不用美制书籍文具。 许多妇女团体不仅提出了不用美货的约言，并且还到各地各家进行宣传鼓动。 留日学生以及美洲、欧洲的许多华侨宣布不用美货，积极支持祖国人民的斗争。

在这次反美斗争中，工农劳动群众表现得最为坚决彻底。 如上海报关行工人召开了特别大会，议定坚决不用美货并拒绝装运美货；上海刻字业工人开会决定不刻印美货商标，而对刻印抵制美货的宣传品则减半取值；上海裁缝工人也相约不为顾客做美国布料的衣服。广州食品业工人集议拒用美面。汉口、镇江、营口等地的码头工人都拒绝装运美货。南京、苏州、扬州等地的工人提出了永远不用美货的坚决主张。无锡农民代表唐克昌宣布响应抵制美货的号召，表示如美不废约，将坚持到底。嘉定及其附近各县农民的态度更为坚决，他们除了烧毁美货外，还传唱着一首《哀同胞》的民歌，积极宣传反帝爱国思想。

民族资产阶级由于抵制美货符合他们的利益，因此发起了这次运动，但是他们十分软弱，当运动广泛展开后，就动摇了。他们不敢得罪洋人，害怕运动搞得过火，后来甚至号召"文明"抵制，极力限制广大群众的斗争。作为运动重要发起者的资产阶级代表人物曾铸还公然提出取消抵制办法。

反美爱国运动兴起后，美帝国主义一面胁迫清政府加紧镇压，一面又使用欺骗的办法极力分化、破坏这次运动。清政府在美帝国主义的威胁下，公然下令实行镇压；买办资产阶级则采取卑鄙的手段进行破坏；加上民族资产阶级又中途动摇退却，这一运动终于在中外反革命势力的联合压迫下失败了。

这次运动虽然失败了，但它所起的作用却是很大的。它迫使美国和清政府没敢继续订立虐待华工的条约；同时使美帝国主义在经济上也受到了一定的打击，1906 年美国对中国的棉布输出较上年减少了一半以上，煤油输出也有减少。

（全国华）

38

中国同盟会

中国同盟会（简称同盟会）是孙中山建立的革命组织。早在同盟会成立以前，资产阶级和小资产阶级知识分子的革命活动，随着全国革命形势的发展，已日益活跃起来。他们组成了许多革命的小团体，分散于国内外。其中影响较大的有兴中会、华兴会和光复会。兴中会是孙中山于 1894 年在檀香山创立的革命组

▲ 孙中山像

织，曾在广州和惠州组织起义，产生了不小的影响。华兴会是黄兴、陈天华、宋教仁等，于1904年在长沙建立的，联络湖南会党，活动于湖南、湖北一带。光复会是蔡元培、章炳麟（章太炎）、陶成章等，于1904年在上海组织的，活动于江苏、浙江一带。这些革命小团体，各自分散活动，行动互不一致。

▲ 同盟会颁发的会员证书

1905年7月，孙中山从欧洲抵达日本。在全国革命日趋高涨的形势下，孙中山感到各革命小团体的分散活动，不利于革命斗争的开展，有必要把它们统一起来，汇集成一股巨大的革命力量。8月20日，孙中山联合各革命团体的领导人黄兴、宋教仁等在东京集会，会上决定以兴中会、华兴会为基础联合光复会，成立一个统一的革命组织——中国同盟会。同盟会推孙中山为总理，并通过了孙中山提出的"驱除鞑虏，恢复中华，建立民国，平均地权"的政治纲领。

同盟会的成员比较复杂，它包括小资产阶级（中小商人、留学生）、资产阶级、工人和农民（主要是会党中的成员）、华侨，以及地主阶级中的反清分子。他们是在推翻清朝统治这一共同要求的基础上联合起来的，虽然暂时都表示承认同盟会的纲领，但在超出推翻清朝统治这一点以外，彼此在政治思想上便产生了分歧。

同盟会成立后，创立了《民报》作为机关刊物，宣传自己的政治纲领，同改良派进行了激烈的论战。在国内各地也建立了组织，联络会党与新军，发动过多次武装起义，一直到发动辛亥革命，用武装力量推翻了清朝封建专制主义的反动统治。

（马汝珩）

三民主义

　　三民主义是我国近代民主革命卓越的先行者孙中山提出的。孙中山（1866—1925），名文，号逸仙，广东省香山县（今中山市）翠亨村人，出生在一个农民家庭。他幼年就喜欢听洪秀全、杨秀清的故事，向往太平天国革命。后来他依靠他的经营畜牧业发了家的哥哥生活，先后在檀香山和香港接受资产阶级教育，耳濡目染，产生了憧憬西方资产阶级"文明"的思想。19世纪末和20世纪初，帝国主义的疯狂侵略和我国人民波澜壮阔的反抗斗争，激发了孙中山"倾覆清廷，创立民国"的志愿。1894年，他到檀香山联络华侨，成立了革命团体兴中会。次年2月他返回香港成立兴中会，提出了"驱除鞑虏，恢复中华，创立合众政府"的纲领，开始为建立资产阶级共和国的理想而斗争。到了1904年前后，他又把这个纲领丰富和发展为"驱除鞑虏，恢复中华，建立民国，平均地权"四句口号。1905年，同盟会成立时，接受了这四句口号作为自己的纲领。孙中山把这个纲领称为"三民主义",即民族主义、民权主义和民生主义。

孙中山倡导民族主义,是为了进行反对满族贵族反动统治的民族革命。"驱除鞑虏"并不是要驱逐满族人民,而是要推翻以满族贵族为最高统治者的清政府。孙中山虽然是一位真诚的爱国者,但是他所代表的民族资产阶级的软弱性,使得他没有能够提出反对帝国主义侵略,以实现民族的真正独立的战斗口号,这成为他的民族主义的一个根本弱点。

孙中山倡导民权主义,目的在于进行推翻"君主专制政体",建立"民主立宪政体"的政治革命。孙中山认为,中国几千年来的君主专制政体"不是平等自由的国民所堪受的",所以,只有民族革命还不行,必须同时进行政治革命,才能实现资产阶级民主共和国的理想。按照孙中山的想法,到了那个时候,凡国民都是平等的,都有参政权,议会由民选议员组成,总统由国民公选,制定中华民国宪法,人人共守,"敢有帝制自为者,天下共击之!"要求推翻君主专制制度,建立资产阶级民主共和国,这在当时的政治思想中是一个很大的进步。但是孙中山所向往的共和制度,其实只是资产阶级的专政。在这种制度下,国家一切权力完全操纵在资产阶级的手里,广大劳动人民则被剥夺了民主权利。即使真能实现,也决不能做到全体国民一律平等,人人都有政治权利。

孙中山倡导民生主义,是因为看到欧美资本主义国家的贫富悬殊和社会革命的兴起,天真地以为只要"平均地权",就可以使中国避免重蹈欧美的覆辙,预防将来发生社会主义革命。按照他的想法,所谓"平均地权"并非要从根本上触动封建的土地制度,

▲ 孙中山在日本成立中华革命党

"夺富民之田为己有"，而只是由国家核实地价，原价仍归原主，革命后因社会进步所增长的地价，将通过征收地价税的方法收归国有。这种做法正是为资本主义的迅速发展创造了条件，因为这只能限制地主对土地价格的垄断，使土地更适合于工商业的发展而已。孙中山在土地问题上不赞成农民"夺富民之田为己有"，实际上是惧怕农民群众用革命暴力来摧毁封建统治的根基。

上面介绍的，是辛亥革命时期孙中山的三民主义，即旧三民主义。旧三民主义是旧的半殖民地半封建社会资产阶级民主革命的行动纲领，是团结当时一切反对清朝统治、反对外国侵略的人们为建立资产阶级共和国而奋斗的旗帜。辛亥革命就是在这个纲领的指导下爆发的，但是辛亥革命并没有实现民主革命的目的。它的失败表明：在帝国主义时代，资产阶级共和国的道路在中国是行不通的。1924 年，孙中山在中国共产党的帮助下，对三民主义重新做了解释，获得了新的历史特点：民族主义以反对帝国主义为主要内容；民权主义主张民权"为一般平民所共有"；民生主义在主张平均地权和节制资本之外，还提出了"耕者有其田"的主张。这样，旧三民主义就发展成了联俄、联共、扶助农工三大政策的新三民主义。这表明孙中山当时已开始放弃旧的民主革命的纲领，而接受了中国共产党提出的新的民主革命的纲领。

（苑书义）

保皇会

　　戊戌政变后，梁启超、康有为先后逃到日本东京，他们并没有从维新运动的失败中吸取到教训，在政治上仍然坚持钻改良主义这条死胡同。那时，革命思想已经在国内外广泛传播，孙中山建立的革命团体兴中会也有了发展。康有为、梁启超等为了抵制革命的兴起，就公开树起保皇的旗帜，成立了保皇会。他们以拥戴光绪皇帝、反对慈禧太后、鼓吹君主立宪制度为宗旨，在日本、美洲、南洋各地的华侨中建立组织，进行活动。保皇会用诡辩的词句把君主立宪的反动主张涂饰起来，说什么"名为保皇，实则革命"，迷惑了不少爱国的青年知识分子，就是孙中山所领导的革命团体兴中会中也有不少会员受到欺骗，竟被拉到保皇会里去了。保皇会还在海外各地大力发展组织、兴办报刊，专门搞宣传保皇、吹捧立宪和破坏革命的勾当。其中，梁启超在东京主办的《新民丛报》是保皇的喉舌，它的反动宣传使不少人在思想上分不清改

▲ 1904 年 1 月孙中山在《檀山新报》上发表的《驳保皇报书》

良和革命的界限，对革命思想的传播起了极有害的作用。很显然，如果不粉碎保皇会的反动宣传，不战胜《新民丛报》的反动影响，革命的发动就要受到极大的阻碍，甚至一时成为不可能。因此，一场思想战线上的大斗争，已经是不可避免的了。

1905 年 8 月，同盟会成立，接着出版了它的机关报——《民报》。以孙中山为首的革命党人逐期在《民报》上发表论文，宣扬资产阶级的革命道理，介绍西方资产阶级革命时期的进步学说，同时也刊登揭穿改良派反动嘴脸的文章。这样，革命派的同盟会跟改良派的保皇会就分别以《民报》和《新民丛报》为主要阵地，展开了要革命还是要改良的激烈论战。

论战的主要问题有三个方面：

1. **要不要革命。** 改良派是反对革命的，他们要保皇立宪，说革命会带来"内乱"，招致列强瓜分，要爱国就不能革命。革命派认为要爱国就要革命，并且指出推翻清政府，正是为了救中国，拯救国家民族的危亡；清政府是卖国的政府，一日不打倒它，瓜分危机一日不能除。还指出改良派嘴里的爱国，就是爱充当"洋奴"

的清政府。

2. 要不要民主共和制度。 改良派是反对民主共和制度的，他们极力主张君主立宪，说中国人恶劣，不配实行民主共和制度，只能请求皇帝实行君主立宪。革命派要民主共和，说中国人并不恶劣而是清政府恶劣，还揭露了改良派这种说法是给清政府的封建专制统治打掩护。他们用"中国之蟊贼""国民之公敌"来声讨改良派。

3. 要不要改变土地制度。 改良派要维护封建土地制度，谩骂革命派的"平均地权"主张是为乞丐、流氓着想，是想煽动"下等社会"的人起来骚动，实行起来会破坏社会秩序。革命派要平均地权，说平均地权是为了追求革命的平等社会，不是破坏社会秩序。改良派维护封建剥削秩序和仇恨人民的反动面目在这一点上完全暴露了，他们的活动就遭到了更多人的反对。

经过这一场大论战，革命派在理论战线上击败了改良派，使得革命思想大大地扩展开来，促进了革命形势进一步的发展。

（吕翼祖）

41

《革命军》《警世钟》
《猛回头》

《革命军》为邹容所著,《警世钟》和《猛回头》为陈天华所著。邹容和陈天华都是清末著名的资产阶级民主革命宣传家。

▲ 邹容像

邹容(1885—1905)字蔚丹,四川巴县(今重庆市巴南区)人,出身于商人家庭。1902年(光绪二十八年)留学日本,并积极参加当时留学生的革命活动。1903年回国,与章太炎一道从事革命宣传工作,后因著《革命军》一书被捕入狱,1905年病死于狱中,年仅二十一岁。

陈天华(1875—1905)字星台,号思黄,湖南新化人,出身于贫寒家庭。1903年留学日本，1904年与黄兴等组织革命团体华兴会。1905年，孙中山领导的同盟会在东京成立，陈天华是它的发起人之一，并参加书记部工作。《民报》创刊，他又参加了编辑工作，后因日本政府颁布取缔中国留学生规则，他忧愤交集，投海自杀，年仅三十一岁。

邹容在1903年5月写成的《革命军》一书中，用通俗的文字宣传了革命的民主思想。在这本书里，他大胆揭露了清朝的封建专制统治是使中华民族陷入帝国主义瓜分危机的根源；并且指出革命是"世界之公理"，是顺天应人，符合时代潮流的。他大声疾呼，中国人民要想摆脱清朝封建统治的压迫，在世界上取得独立富强的地位，就必须起来革命。他根据西方资产阶级革命时期的政治学说，提出了建立资产阶级共和国的政治纲领，并把这个国家称为"中华共和国"。他认为，这个国家应该是独立和民主自由的国家，不许侵略者沾染中国丝毫的权利，永远根绝封建主义君主专制制度。主张全国人民不分男女，都享有言论、思想、出版的自由以及选举、被选举的权利；同时也都负有纳税、服兵役和忠于建设新国家的义务。他还认为，新政府的任务就在于保护人民的权利，如果政府侵犯人民的权利，人民不仅有权利而且有义务立即起来革命，重建新政府。他号召人民为在中国建立这样的资产阶级共和国而起来进行长期、艰苦的革命斗争。

陈天华在1903年末撰写的《警世钟》和《猛回头》中，运用了群众喜闻乐见的说唱形式及浅显的白话文，宣传了激烈的反帝爱国的革命思想。在这两本书里，他着重地指出由于帝国主义强盗对中国进行的政治、经济、文化等各方面的侵略，已经使中国人

▲ 《革命军》《警世钟》《猛回头》等书影

民完全丧失了自由，人民处于被奴役的地位。为了改变这种悲惨的境遇，他大声疾呼"改条约，复政权，完全独立"（《猛回头》），并认为"须知事到如今，断不能再讲预备救中国了，只有死死苦战，才能救得中国"（《警世钟》）。因此他号召："洋人若来，奉劝各人把胆子放大，全不要怕他。读书的放了笔，耕田的放了犁耙，做生意的放了职业，做手艺的放了器具。齐把刀子磨快，子药上足，同饮一杯血酒，呼的呼，喊的喊，万众直前，杀那洋鬼子，杀那投降洋鬼子的二毛子。"（《警世钟》）他呼吁妇女要和男子一样，为保卫祖国的独立自由和捍卫民族的生存权利，对帝国主义进行顽强的战斗。他还指出清政府已经成为帝国主义驯服的工具，要想抵抗帝国主义的侵略，就必须推翻清朝专制统治，"这中国，哪一点，还有我份？这朝廷，原是个，名存实亡。替洋人，做一个，守土官长；压制我，众汉人，拱手降洋"（《猛回头》）。因此他号召人们革命到底，争取独立自由，"或排外，或革命，舍死做去；父而子，子而孙，永远不忘。这目的，总有时，自然达到"（《猛回头》）。

邹容着重地宣传了反对封建专制主义的民主主义思想，而陈天华则着重地宣传了反帝爱国的革命思想。虽然二者有所区别，但这三本书都充满着爱国感情和不可屈服的革命意志，在辛亥革命时期都曾起过巨大的作用。

（全国华）

《苏报》案

　　"《苏报》案"是 1903 年在资产阶级民主革命形势正日趋高涨的情况下发生的。

　　义和团运动后，一方面民族危机空前严重，另一方面清政府的卖国面目彻底暴露，于是，革命形势开始出现了新的高涨。这时资产阶级在政治上已经分成改良与革命两个显然不同的派别。到 20 世纪初，资产阶级革命派逐渐成为一支影响较大的革命力量。许多革命志士在国内和国外成立了革命小团体，并纷纷出版书刊杂志，宣传和鼓动革命。《苏报》，就是在上海发行的一个宣传革命思想的报刊。

　　《苏报》的主办人陈范，是清朝的退职官吏。《苏报》最初标榜的是改良主义思想，后来在革命派的影响下，逐渐倾向革命，并且与当时的革命小团体——爱国学社建立了密切的联系，实际上成了爱国学社的机关报。

爱国学社是 1902 年由蔡元培等在上海组成的，形式上类似学校，吸引许多资产阶级和小资产阶级的青年知识分子入学，由当时著名的学者章太炎等做教员，实际上却是用来宣传革命思想，团结革命力量的一种组织形式。

1903 年 5 月以后，《苏报》陆续刊登了许多激烈地宣传革命的文章，旗帜更为鲜明。

▲ 蔡元培像

当时，邹容的《革命军》在上海出版，章太炎的《驳康有为论革命书》也公开发表。这两篇极其犀利的革命文字问世之后，立即产生了很大的影响，引起了清政府的敌视。接着，《苏报》节录了《驳康有为论革命书》中痛骂清朝统治者和揭露康有为改良主义的一段文字发表，并且发表文章介绍《革命军》的内容，向读者推荐《革命军》。这一些激烈的革命宣传和它所产生的影响，使清政府感到极大的恐慌和震怒，便公然采取镇压手段，下令封闭《苏报》，逮捕章太炎、邹容等人。

但是，《苏报》社设在租界内，清政府不敢轻举妄动，便请求帝国主义帮助镇压。1903 年 6 月底，帝国主义的"工部局"封闭了《苏报》，逮捕了章太炎；当天晚上，邹容自动到"工部局"投案。他们被捕后，清政府曾要求帝国主义引渡，但是，由于帝国

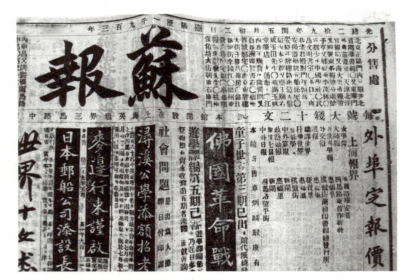

▲ 1903 年 6 月 26 日（光绪二十九年闰五月初二）的《苏报》

主义坚持自己在中国的特权，不同意引渡，结果就在租界的帝国主义的法庭（会审公廨）上开审。清政府在帝国主义的法庭上以原告的身份去控告革命党人，这种情况彻底暴露了它依附于帝国主义、和人民为敌的面目。当时章太炎就曾指出："这次事件是清政府公开与四万万人民为敌的事件。"最后，租界法庭判决章太炎三年徒刑，邹容两年徒刑，并查封了《苏报》。帝国主义还通知各地领事：禁止中国人在租界内办报纸宣传革命和出版革命书籍。

　　章太炎、邹容在帝国主义监狱中，仍然坚持斗争。章太炎在狱中写了《答新闻报记者问》，在这篇文章中他满怀信心地说："四万万人民都会同情我们，而公理一定会战胜的。"他在狱中还参与组织江浙革命组织"光复会"的筹划工作。但是邹容在帝国主义监狱生活的折磨下，于 1905 年 4 月 3 日病死在狱中，年仅二十一岁。这个年轻的革命活动家还没有度完他的青春就被帝国主义和封建势力摧残了。1906年章太炎刑满后出狱，便动身前往日本东京，参加了孙中山先生所组织的同盟会，主编《民报》。但后来他和孙中山意见不合，脱离了《民报》。辛亥革命以后，他对中国革命的前途逐渐丧失信心，思想消极退化，提倡复古，钻研佛学。此后，他逐渐从一个早期的资产阶级民主主义革命者倒退为一个政治上、思想上极其保守的人物。

"《苏报》案"发生后，邹容的《革命军》风行国内外，发行数量达到了清末革命书刊的第一位，使革命思想在国内外产生了广泛的影响。

（马金科）

秋瑾

▲ 秋瑾像

秋瑾（1875—1907）是清末有名的资产阶级女革命家，字璇卿，号竞雄，又称鉴湖女侠，浙江山阴（今绍兴市）人。她出身于封建官僚家庭，幼时读书很聪明，能写一手好诗文。二十二岁时，在家庭的包办下，与湖南湘潭的封建官僚子弟王廷钧结婚。

秋瑾受到封建家庭的束缚，时常感到愤愤不平。后来看到清政府的腐朽卖国和帝国主义的野蛮侵略，便逐渐产生了为妇女谋求解放和推翻清朝腐朽统治的宏大志愿。1900 年，她住在北京，亲眼看到帝国主义侵略中国的无数暴行，更加强了从事革命的决心。她在《致某君书》里就坚决地说："吾自庚子（指 1900 年帝国主义八国联军侵入北京事件）以来，已置吾生命于不顾，即不获成功而死，亦吾所不悔也。"可见这时她已下定了为革命情愿牺牲自己生命的决心。在这种强烈的革命思想推动下，1904 年，秋瑾毅然决然地冲破封建家庭的樊笼，离开了丈夫和子女，只身去日本留学，开始踏上了革命生活的道路。

在日本留学期间，秋瑾积极地进行革命活动，与革命党人刘道一等组织了秘密团体"十人会"。1905 年，孙中山由欧洲到日本，成立了同盟会，秋瑾立即加入，被推为评议部评议员和浙江省主盟人。她还联络当时留日的女同志，组织"共爱会"，自己担任会长。清政府勾结日本政府，颁布取缔中国留学生规则，压迫留日学生，秋瑾愤然返归祖国，在上海创办中国公学。1905 年，她由徐锡麟介绍，加入了光复会，和一些同志在上海设立革命机关，并于 1907 年 1 月主持了《中国女报》，进行革命宣传活动。

1906 年，同盟会发动了萍（乡）浏（阳）醴（陵）起义，全国革命形势汹涌澎湃。这时秋瑾返回绍兴，主持大通学堂。大通学堂原为徐锡麟、陶成章等创办，是光复会训练干部、组织群众的革命据点。在大通学堂，秋瑾为了进一步训练革命力量，成立了"体育会"，招纳会党群众和革命青年，进行军事操练，并积极联络浙江各地的会党，组成"光复军"，推徐锡麟为首领，秋瑾任协领，积极地进行起义的筹备工作。

1907 年 5 月间，徐锡麟准备在安庆起义，约秋瑾同期于浙江的金华、处州等地响应。但徐锡麟起义计划先期泄露，7 月 6 日，徐锡麟仓促地刺杀安徽巡抚恩铭，在安庆发动起义。由于准备不够充分，起义很快失败，徐锡麟也被捕牺牲了。安庆起义的失败，使秋瑾主持的浙江地区起义计划完全泄露，形势十分危急。当时有人劝秋瑾暂时走避，秋瑾毅然地拒绝说："我怕死就不会出来革命，革命要流血才会成功……我决不离开绍兴。"

　　1907 年 7 月 13 日，清军包围大通学堂，经过一场激烈战斗，终因寡不敌众，大通学堂学生的抵抗失败了，清军逮捕了秋瑾。审讯时，敌人虽用酷刑逼供，但秋瑾坚贞不屈，没有吐露半点革命机密，只坚决回答清吏说："革命党的事，不必多问！"清朝官吏只好伪造供词，捏造罪证，草草结案。7 月 15 日，秋瑾于绍兴轩亭口英勇就义，死时年仅三十三岁。

（马汝珩）

中国最早的铁路

　　中国最早的铁路，是 1881 年修成的唐胥铁路，从唐山到胥各庄，计十八里。修筑的目的是便利开平煤矿向外运煤，把煤矿同运河衔接起来。以后，这段铁路逐渐由两端向东西延伸，断断续续地，到了 1911 年，京沈铁路才全部修通。

　　在这以前，外国侵略者很早就想在中国修铁路。他们知道，不仅铁路本身可以营利，更重要的是铁路可用来推销他们的商品，掠夺中国的农产品和丰富的自然资源。同时，筑成铁路对他们进一步扩大政治和军事侵略，也将提供更为方便的条件。所以，在 1864 年，就有一个叫作斯蒂芬生的英国人，做了一份中国铁路系统计划，送给清政府。这个铁路计划是：以汉口为中心，东至上海，通向太平洋，西经四川、云南，通往英国当时的殖民地印度，大体上是沿着长江，用一条横贯东西的铁路，把中国纳入英国的殖民体系中去。清政府拒绝了英国人的这份计划，说如果要修铁路，中国人会自己来修的。腐朽落后的清政府拒绝这份计划的真正原因，并不是为了保卫国家主权，而是害怕帝国主义修了铁路，威胁自己的封建统治。第二年，另一个叫作杜兰德的英国人，在北京宣武门外，私自修起了一条一里左右的轻便铁路，用来打动清政府。清政府不但不为所动，而且下令将之拆除。可是英国人并没有死心，1876年，又在上海吴淞间，擅自修了一条淞沪轻便铁路。清政府发觉后，非常生气，提出强烈抗议，经过许多交涉，才用二十八万五千两银子买了过来，全部拆除，把器材丢在海里。这样，外国侵略者的目的没有达到，清政府对这种新式交通工具，也没有产生兴趣。不过此后不久，在清政府内部，关于修铁路的问题却发生了很大的争论。这一争论一直持续了近二十年。

争论的一方是守旧派官僚，他们从极其落后和自私的心理出发，担心铁路修成之后，原来的旧商路都要废弃，商税就要减少。他们还特别害怕铁路修成以后，原来的船工车夫大批失业，这些人

▲ 1876年《上海铁路火轮车公司开往吴淞》招贴画

会起来造反，反对自己的统治。更可笑的是，他们还说：火车冒烟要烧坏庄稼，架桥梁，开山洞，移坟墓，会破坏风水，使祖宗之灵不安，山川之神不宁，等等。

另一方主张修铁路的开始只是少数人，主要是一些洋务派官僚。他们在内政外交上都很有势力，是当时的实力派。他们认为，修铁路既便于调运军队，又便于转运粮食，对加强封建政府对人民的统治，是一项非常重要的和必需的措施。同时，这些洋务派官僚知道，兴办铁路不但可以为他们的外国主子效力，加强相互之间的勾结，提高自己的政治地位；而且能够从中渔利，大发横财。因此，尽管朝廷内外舆论激烈反对，但他们还是坚持要修。

在这场统治阶级的内部争论中，清政府对修路的政策也反反复复，动摇不定。比如前面说到的唐胥铁路的修筑，起初本来批准了，但是还未动工，又改变主意，不许修建了。后来再次同意修建了，可是仍然不准使用机车。所以唐胥铁路在开始的时候，竟出现了用骡马拉着列车在轨道上行走的怪现象。

经过洋务派的力争，守旧派的阻挠逐渐被战胜了，然而清政府筹不出资金，不能大举修建铁路。主持修筑铁路的洋务派官僚非常腐败，办不好事情，已经修建的铁路，效率很差。特别是外国侵略势力，通过不平等条约和借款，攫取了在中国修筑铁路的特权，几乎完全控制了铁路的修造和经营管理，这就更加妨碍了中国铁路事业的正常发展。所以在清末，中国自办的铁路，不但少得可怜，而且办得很糟。百分之九十以上的铁路都直接或间接落在帝国主义控制之下。

（潘喆）

保路运动

　　保路运动又称"铁路风潮"，是广东、湖南、湖北、四川等省人民反对清政府将民办的川汉、粤汉铁路（合称为湖广铁路）出卖给帝国主义的群众运动。

　　帝国主义为了进一步奴役中国人民和掠夺中国财富，从 19 世纪末以来，便开始对中国进行铁路投资，争夺铁路的修筑权。粤汉、川汉铁路是沟通南北和深入内地的两条重要干线，因而就成为帝国主义争夺的目标。

　　早在 1898 年，大买办盛宣怀和美国就订立合同，借美金四千万元，把粤汉、川汉铁路的修筑权让给美帝国主义。这个卖国行为立即遭到群众的坚决反对。后来经过广大人民，特别是广东、四川、湖南、湖北四省人民和绅商的长期斗争，才收归自办。当时，由于清政府缺乏财力，一般工商业者的经济力量又很薄弱，无力筹划筑路经费，因此，便采用征集"民股"的办法，由地方政府在税收项下附加租股、米捐股、盐捐股来聚集资金。负担最重的是广大穷苦的劳动人民，他们挣扎在饥饿线上，还要在苛捐杂税的重重剥削之外，勉力缴纳"股金"，甚至为此卖儿卖女。当时四川有一首歌谣里说："最可怜的是庄稼汉，一两粮食就要出这项钱"，正是当时情况的真实反映。经过几年的筹集，铁路股本已收集了不少，四川、广东收到一半以上，粤汉铁路已开始修筑，川汉铁路从宜昌到万县的一段也已动工，从当时实际情况来看，这两条铁路是可以自力修成的。但是，帝国主义不肯让中国自己修成铁路，它们利用清政府财政困难进行要挟。1911年1月，清政府在大买办盛宣怀的"利用外资开发实业"的建议下，又大借外债，和美、英、法、德组成的四国银行团订立了铁路借款合同，宣布铁路干线国有政策。

根据借款合同，美、英、法、德等帝国主义不但掌握了路权，而且还要以湖南、湖北两省的盐税厘金作为抵押，所以，所谓铁路"国有"，不但剥夺了中国人自办铁路的主权，而且实际上是把全部川汉、粤汉铁路完全拍卖给帝国主义了！广大人民在两路筹办的时期内，吃尽了苦头，现在看到清政府公然出卖路权，更加愤恨；许多绅商也因铁路国有损害了他们的利益，非常不满。于是，一个具有广泛群众基础的、轰轰烈烈的保路运动爆发了。

保路运动是由民族资产阶级上层的代表立宪派发起的。他们叩头请愿，向清政府请求"收回成命"。湖南的绅商，聚集于谘议局开会，散发传单，指责铁路国有政策。湖北绅商派代表去北京请愿。广东也召开粤汉路股东会议，要求维持商办。四川成都的立宪派要市民供奉光绪帝神位，并从光绪帝的立宪论旨中摘出"庶政公诸舆论""铁路准归商办"两句话作为口号，表示他们不反对朝廷，只为"争路"的政治态度。

在各省绅商向清政府请愿的同时，各省的广大人民突破请愿运动的限制，掀起了激烈的反抗斗争。四川各府州县遍设保路同志会，参加者数十万人；万余湖南长沙、株洲工人举行了罢工示威，湖南学生也举行罢课；数千湖北宜昌筑路工人与清军发生了武装冲突；留日学生也声援保路运动，提出"路存与存，路亡与亡"的口号；旅美的广东华侨也集会反对，决议："粤路股银，皆人民血汗……有劫夺商路者，格杀勿论。"这时，革命党人乘机展开活动，湖北詹大悲在《大江报》上发表文章，鼓吹革命；同盟会员陈少白在香港主办的《中国日报》及其他港报，都刊载了反对铁路国有的言论，抨击清政府。

▲ 保路运动纪念碑

在保路运动中，以四川人民的反抗最为激烈。工人、农民、学生、市民纷纷投身到运动中来。在四川总督赵尔丰用武力血腥镇压成都请愿市民而造成"成都惨案"之后，四川人民更被激怒了，保路运动很快发展成为声势浩大的武装起义。同盟会积极地展开了革命活动。同盟会员龙鸣剑、王天杰等人联合哥老会，组成保路同志军，占据了一些州县，围攻成都，邻近各州县的农民也纷起响应。当时，回到四川工作的同盟会员吴永珊（玉章）也于荣县组织起义，而且一度宣布独立，建立革命政权。这样，就更促进了革命形势的高涨。就在四川人民展开声势浩大的武装斗争，而清政府加紧镇压的时候，1911年10月，湖北新军中的革命党人（文学社、共进会）发动了武昌起义，辛亥革命爆发了。

（马汝珩）

长沙抢米风潮
莱阳抗捐斗争

　　义和团运动被镇压以后，帝国主义利用《辛丑条约》所抢到的一些权利，争先恐后地在中国抢着修铁路、办工厂、开银行，无孔不入地压榨中国人民。清政府这时候已经彻底变成帝国主义统治中国的工具。它对外要赔款还债，对内要练兵筹饷，于是捐外加捐，税外加税，疯狂地进行搜刮。在帝国主义和封建主义的双重压迫剥削下，广大人民实在被逼得无法生活，只好起来反抗。在辛亥革命爆发前十年间（1901—1910），全国各地曾经多次掀起了大大小小各种形式的反侵略、反压迫的斗争。据不完全统计，1905年，各地人民的反抗斗争共计九十余次，1906年骤增到一百六十余次，1907年又增加到一百九十余次，到了1910年，达到了二百九十余次。风起云涌的"抗捐""抗税""抢米"的风潮，就是各种形式反抗斗争的一部分。从1907年到1910年，仅仅在长江中下游，这种斗争就达八十多起。其中以1910年湖南长沙的抢米风潮和山东莱阳的抗捐斗争的规模最大。

1909年（宣统元年），湖南遭到水灾和旱灾，粮食歉收，灾民达十余万人。广大人民在帝国主义和封建主义的双重剥削压迫下，丰年尚难一饱，遇到水旱灾荒，生活就完全陷入了绝境。许多人卖儿卖女，许多人因饥寒疾病而死，景象十分凄惨。反动统治者不但不加救济，反而趁火打劫，加紧剥削。如安乡县令赵廷泰，竟以救灾为名，丧心病狂地把五千石平粜（tiào）粮全部按高利贷放出，每石收息二斗；长沙有一个大地主，甚至把农民积蓄备荒的赈粜捐款十七万两全部私吞。一些官绅富商以及外国洋行也是个个囤积居奇，抢购粮食，哄抬粮价。平时一二千文一石的大米，一下子涨到七千文一石，最高的时候达到了八九千文一石。广大人民挣扎在死亡线上，可是湖南巡抚岑春蓂还说："一升米八九十钱，何足为奇？"大地主叶德辉，家里囤有积谷一万余石，每天请客欢宴，赋诗饮酒，照旧逍遥自在，过着骄奢淫逸的生活。

1910年4月12日，长沙城外有一乡民，只有七十文钱，买不到一升米，忧愤交集，全家四口投河自杀。这件事立即激起了群众的悲愤，当时就有一二百人聚集起来，涌向长沙城内，向官府要求开仓平粜。清朝官吏先是欺骗，后来就实行武装镇压，有几十人横遭残杀，三十多人被捕。但是，血腥屠杀并没有吓倒已经起来进行斗争的群众；恰恰相反，人们更被激怒了，参加斗争的人也越来越多，很快就达到两万余人。他们怀着仇恨和反抗的心情，捣毁碓房、米店、钱庄、税卡，以至外国领事馆、洋行、教堂，并且放火烧巡抚衙门，掀起了轰轰烈烈的反帝反封建的斗争。最后，清政府出动了水陆大军，英、美、法、日、德等帝国主义也纷纷从上海等地调来军舰，帮同进行更大规模的屠杀，甚至向这些赤手空拳的群众开炮轰击，才把这次风潮镇压下去。长沙群众这一反抗斗争，给了清朝统治者和帝国主义沉重的打击，迫使清政府下令撤换了有关官吏，开仓平粜，对湖南人民做了一些让步。这显示了人民群众英勇斗争的伟大力量。

1910 年莱阳群众的抗捐斗争，也是由于群众不堪忍受残酷的剥削和压迫引起的。

山东和全国各地一样，苛捐杂税，多如牛毛，加上贪官污吏层层加派，额外勒索，广大人民过着牛马不如的生活，非常痛苦。

1909 年，赃官朱槐之当上了莱阳县令，这个剥削鬼上任以后，就和当地的大地主勾结起来，借口兴办"新政"，加捐加税，搜刮民脂民膏。他们不但任意增加税额，而且在已经十分繁重的正税、杂税之外（当时的杂税已有地亩捐、契纸捐、户口捐、人口捐、学捐等），又挖空心思，巧立名目，增加了许多捐税，如什么油房捐、戏捐、铺捐、草帽捐、骡马捐等。在这样残暴的掠夺下，阶级矛盾日益尖锐，人民群众对贪官污吏、恶霸土豪，莫不咬牙切齿，痛恨到了极点。

1910 年春天，莱阳因霜成灾，而地主劣绅却乘机大量囤积粮食，官府照旧逼交各种捐税，农民为了应付捐税，准备动用备荒的积谷，但积谷已为以朱槐之为首的官僚豪绅把持侵吞。这样，本来已经被逼得无路可走的农民群众，怀着新仇旧恨，在联庄会首领曲诗文的领导下，以清算积谷、反对滥加捐税为号召，掀起了轰轰烈烈的反抗斗争。

这次斗争从 5 月开始，坚持了将近三个月之久。参加的群众由最初的五六千人，发展到四五万人之多。朱槐之虽然用欺骗、拖延、武力镇压等各种手段，企图瓦解和消灭农民的反抗，但广大群众一直坚持斗争，没有动摇。他们拿起了镰刀锄头，梭镖土枪，组成了革命的武装，和反革命武装英勇搏斗。他们围县署、捣大户、捉富豪，给封建势力以很沉重的打击。后来清朝统治者从各地增调了大批军队，用巨炮猛烈轰击，滥肆屠杀，这一次气势磅礴的自发武装斗争才失败了。

（郑理）

47

黄花岗七十二烈士

同盟会成立以后，曾多次发动武装起义，结果都失败了。到1910年春，部分革命领导者如黄兴等，对革命前途产生了悲观失望的情绪。为了鼓舞士气，准备再举，孙中山召集他们在马来西亚的槟榔屿开会。孙中山鼓励大家说："今日革命风潮已盛，民心归向我们，只要我们意志不衰，困难是挡不住我们前进的！"经过讨论，大家决定：1911年春在广州集合各省革命之精华，发动大规模起义，先占广州，再由黄兴统率一军出湖南湖北，由赵声带领一军出江西攻南京，两军会师长江，然后长驱北上直捣北京，倾覆清廷。

会后，一部分革命党人就到南洋和欧美各地，向华侨募集革命经费，经过革命党人的宣传鼓动，各地爱国侨胞都积极捐款相助，有的人甚至变卖家产以相捐助。这次募捐共得十几万元，经费问题基本解决。1910年底，黄兴、赵声等返回香港，着手筹备起义，成立了领导机关——"统筹部"，黄兴任部长，赵声为副部长，统一领导起义的准备工作。接着，革命党人纷纷潜入广州，熟悉环境，刺探敌情，还设立了许多秘密机关。为了转运军火，他们常常将女同志打扮成新娘，利用花轿来抬运枪支、炸弹。经过几个月的筹划，准备工作大体上就绪，革命党人摩拳擦掌，只等一声号令，就发动起义。

起义的日期原定在 1911 年 4 月 13 日，不料在 4 月 8 日发生了革命党人温生才刺杀广州将军孚琦的事件（他本来计划刺杀水师提督李准，结果刺中的是孚琦），反革命立即加强了戒备，广州戒严，并且到处搜捕革命党人。这样，原定的起义计划受到了影响。

以后，形势日有变化，起义日期几次改变，最后确定在 4 月 27 日发动起义。

4 月 27 日下午，黄兴在小东营住所召集了队伍，每人发给白毛巾一块，缠在左臂作为标志。许多革命党人抱定为革命牺牲的决心，事先写好了绝命书，如林觉民给他父亲写的绝笔信说："儿死矣！唯累大人吃苦，弟妹缺衣食耳。然大有补于全国同胞也。"起义即将发动，白发苍苍的谭人凤赶到，要求加入，黄兴婉言拒绝说："先生年老，后方尚需人照料，这是决死队，望老先生不要去。"谭人凤很生气地说："你们不怕牺牲，难道唯独我怕死吗？"黄兴等很受感动，只好发给他两支手枪。

下午五点半钟，螺号齐鸣，起义的时间到了。革命队伍人人精神抖擞，斗志昂扬。黄兴率领先锋队直扑总督衙门，两广总督张鸣岐闻风逃跑，黄兴等找不到张鸣岐，就放起火来，当他们退出衙门的时候，碰到了敌人的大队人马。林时爽误信其中有革命党人，便挺身向前，企图晓以大义，不幸，话未说完，便中弹牺牲了。接着，激烈的战斗开始了。革命党人数虽少，但人人奋勇当先，十分英勇，给敌人很大打击。如喻云纪等一路，先由后面进攻总督衙门。后又攻打督练公所，喻云纪胸前挂着满满一筐炸弹，所向披靡，敌人十分害怕。革命党人虽然英勇，但他们没有发动广大群众参加斗争，仍然以单纯的军事行动为主，结果，在寡不敌众的情况下，牺牲很大，不得不退出战斗，起义终于又告失败。

　　这次起义，因为是在阴历三月二十九日发动的，所以叫作辛亥三月二十九日广州起义。在这次起义中，许多革命党人壮烈牺牲，一部分人被捕后英勇就义。后来广州人民收得尸体七十二具，合葬于黄花岗。因此，这次起义又称作"黄花岗起义"。

（胡俊明）

48

文学社 共进会

　　文学社和共进会是两个资产阶级性质的革命团体，是武昌起义的发动者。

　　文学社，1911年1月成立于武昌，它是同盟会在湖北新军中的革命团体（新军是清政府采用新式武器装备的，以"西法"编练起来的一支近代化的军队），领导人蒋翊武（社长，同盟会员）、王宪章（副社长）、刘复基（评议部长，同盟会员）等都是贫寒家庭出身的知识分子。他们投身行伍，在新军士兵中进行了艰苦的革命宣传和组织工作，同时还出版《大江报》，公开宣传民主革命思想，他们曾以"大乱者救中国之药石也""亡中国者和平也"等为题发表评论，猛烈地抨击清政府，热情地赞美革命。文学社的这些活动大大加强了新军士兵的革命情绪，不到半年，参加文学社的便从八百余人骤增至五千人以上。

　　共进会于1907年秋成立于日本东京，组织者是同盟会内一部分和会党有联系的会员，如四川张伯祥，湖北刘公、孙武，湖南焦达峰等。他们希望借此改变同盟会与会党隔绝的局面，把全国所有的会党通通联合起来。共进会的入会誓词与同盟会相同，其中只有"平均地权"改为"平均人权"。当时的解释是："满人压迫汉人，人权不平均，所以要平均人权。"其实当时压迫"汉人"和其他各族人民的，除以满族贵族为首的反动统治者外，还有帝国主义。1908年秋，共进会着手派人回国，"运动军队，运动会党"。第二年春天，孙武回到武汉，创立了共进会鄂部总会，以孙中山名义相号召，积极开展活动。他们联络会党群众秘密编成五镇（一镇相当于一师）军队，准备待机起事。但因会党不受约束，编制未成，起义计划即遭破坏。从此共进会鄂部总会便将工作重心从会党转向新军，希望依靠新军为主力，以会党做补充，争取武装起义的胜利。

文学社和共进会的基本成员都是新军士兵。当时湖北新军共约一万六千人，参加文学社的有五千多人，有两千多人参加了共进会；文学社和共进会在各标、营、队都建立了比较严密的代表制度，因而在事实上已经控制了湖北的新军。这就为武昌起义的迅速胜利创造了条件。

文学社和共进会本来是各自为政、不相统属的。同盟会领导人谭人凤曾经劝导他们要"和衷共济，相辅而行"。加上革命形势的突飞猛进，客观上也要求他们尽快联合起来。因而他们几经磋商，终于在1911年9月建立了暂时的联盟，成立了临时组织，刘公任总理部总理，孙武、蒋翊武分任军务部正副部长，并组成总指挥部，蒋翊武任总司令，孙武为参谋长，统一领导起义的准备工作。武昌起义就是依靠这个联盟发动的。武昌起义后,文学社社员全体加入同盟会,共进会会员有的参加了同盟会,有的另组民社,和同盟会相对抗。

（苑书义）

武昌起义

　　武昌起义发生在 1911 年 10 月 10 日。这次起义是中国资产阶级、小资产阶级和广大的人民群众，为反对帝国主义的走狗——清朝封建政权而掀起的革命斗争，是在同盟会的影响和湖北革命团体文学社、共进会的直接组织领导下进行的。

　　自 1905 年孙中山领导组织了同盟会以后，中国革命运动进入了一个新的发展时期。到了 1911 年，革命高潮已经到来。这一年春天，紧接在全国各地爆发的抢米、抗捐、抗税的斗争之后，又爆发了轰轰烈烈的广州（黄花岗）起义，接着，两湖、四川、广东等地人民又掀起了汹涌澎湃的保路运动。清朝反动统治好比一所即将倒塌的破屋，完全呈现出土崩瓦解之势。

　　湖北在中国近代史上历来是一个重要的革命地区。武汉素称九省通衢，既是反革命统治的心腹要地，也是革命势力活动的中心之一。在这里，早在 1904 年便成立了革命团体"科学补习所"，

▲ 武昌起义军

以后又有日知会、共进会等革命团体的建立。同盟会成立后，曾经派人到这里成立湖北分会，与日知会建立了联系。日知会很重视革命的宣传组织工作，他们在当地的新军中曾经做了许多深入、细致的工作。以后成立的军队同盟会、群治学社、振武学社、文学社等，几乎都是新军中的革命组织。文学社继承着日知会的传统，他们不但在新军中发展了很多革命同志，而且培养了一批骨干力量。当时湖北新军约有一万六千人，参加文学社的就有五千多人，还有许多参加了共进会。共进会主要在会党中做工作，在下层群众中很有影响。由于这两个革命团体的积极努力，湖北地区的革命运动获得了深厚的群众基础和良好的条件。

"保路运动"爆发以后，文学社和共进会认为发动起义的时机已经成熟，便于八月间组成湖北革命军总指挥部，推定文学社负责人蒋翊武为总司令，共进会负责人孙武为参谋长，刘复基、彭楚藩等为军事筹备员，筹划起义工作，并定于中秋节（10月6日）起义。后因准备不及，又决定将起义日期推后十天。

10月9日孙武等在汉口俄租界宝善里十四号制造炸弹，不慎失事，弹药爆炸。孙武头部受伤被送入医院，其余各人被迫仓促转移。该处所藏准备起义的旗帜、符号、文告、印信等物，为闻声赶来的军警搜去，起义领导机关及其主要人物因此暴露。清政府立即派军警四处搜捕。蒋翊武看到事机危迫，发出紧急命令，决定当晚十二时举行起义。规定由南湖炮队在晚间十二时鸣炮为号，城内外新军各标营听到炮声一齐动作。这时，刘复基、彭楚藩、杨宏胜等先后被捕，形势已十分紧张，但起义命令没有送到、信炮未发，各标营还在等待观望。

刘复基、彭楚藩、杨宏胜被捕后，表现了革命英雄坚贞不屈的高贵品质。他们在敌人的酷刑之下，毫不动摇，直到10月10日清晨湖广总督瑞澂下令杀害他们，仍然坚定不移，高呼革命口号，从容就义。三烈士被害后，瑞澂等一面继续搜捕革命党人，一面严禁新军各标各营互相往来，情况更加紧急。

反动派以为恐怖的屠杀足以遏制革命的爆发，然而事实恰好相反，革命热情高涨的广大新军士兵，怀着满腔愤怒，自发地起来进行武装反抗。当天（10月10日）晚上，驻武昌城内黄土坡的第八镇所属工程第八营，革命党人熊秉坤、金兆龙等打响了第一枪，轰轰烈烈的武昌起义，就这样开始了。

起义发动以后，熊秉坤等率众直奔楚望台军械局。把守军械局的工程营士兵纷纷加入起义队伍，大大加强了起义士兵的战斗力和信心。驻守军械局的工程营左队队官吴兆麟，曾经参加过革命团体日知会，被推为临时总指挥，带领队伍进攻总督衙门。这时

▲ 武昌起义军占领汉口

各标营新军革命士兵听到枪炮声和工程第八营起义的消息后，也都纷纷起义，声势更加浩大。在猛烈的攻击下，瑞澂破墙而逃，跑到停泊在长江的楚豫兵舰上躲了起来。第八镇统制张彪闻变后也逃往汉口刘家庙。经过一夜战斗，到 11 日拂晓，武昌就被革命军全部占领了。

起义取得了第一步的巨大胜利后，如何建立一个革命的政权，就成为刻不容缓的大事。然而，起义的士兵在当时还不能认识到由自己掌握政权的重大意义。在他们看来，新的革命政权的领导者，应该是社会上有声望的人物。当时，孙中山还在国外，起义前原推定的总司令蒋翊武因机关破坏逃亡在外，孙武又因制造炸弹受伤，还在医院治疗，各标营代表资历较浅，而且各不相下。怎么办呢？一时都拿不出主意。这时立宪党人就乘虚而入，他们推荐了曾经杀害起义士兵的新军协统（相当于旅长）黎元洪，认为他是最合适的人选。当天午后就在立宪派首领汤化龙的主持下，开会决定成立湖北军政府，以黎元洪为都督，汤化龙为民政总长。这样，起义后第一个建立起来的革命政权，就被封建官僚和立宪派分子窃据了重要的职位。

但在广大人民的响应和支持下，革命形势在全国范围内迅猛地向前发展，到了 11 月下旬，全国二十四个省区，已经有十四个省先后宣布独立。腐败不堪的卖国的清政府，终于被推翻了，两千多年的封建帝制也从此结束。

（应清）

50

中华民国的成立

武昌起义以后，各省纷纷响应。到 11 月间，全国绝大多数省份都已宣告独立，与清政府断绝关系。清政府陷入土崩瓦解的局面。客观形势要求有一个统一的领导机构，作为革命的领导中心。

1911 年 11 月初，宣告独立的各省的代表开始商讨组织临时中央政府。12 月 29 日选举孙中山为临时大总统，1912 年元旦，孙中山在南京宣誓就职，宣告成立临时中央政府，中华民国正式诞生。

中华民国的诞生不仅宣布了统治中国两千多年的封建君主专制制度的死刑，而且在广大群众面前树立了资产阶级共和国的具体形象，从而使民主共和国的观念深入人心。但是中华民国并不是在彻底打碎旧的国家机器的基础上建立起来的。辛亥革命并没有触动旧的封建的、半封建的、半殖民地的经济和政治制度，而且领导这次革命的资产阶级既没有掌握一支革命武装作为支柱，又不能充分发动群众，尤其是以农民群众来作为自己依靠的力量。因此，中华民国虽宣告成立，但是它如同建筑在沙滩上的房屋一样，没有什么基础，在帝国主义和封建势力的反击之下，很快就只剩下一个空名，而实际上仍为大地主、大买办阶级统治的国家。

从中华民国的诞生开始，帝国主义便采取了种种卑劣手段，力图绞杀它。在经济上，一方面扣留革命势力管辖地区的全部海关收入，另一方面对北洋军阀的头子、大地主、大买办的代表人物袁世凯给予大量的经济援助。在外交上，一方面拒绝承认中华民国，另一方面极力扶持袁世凯窃夺政权。不仅如此，帝国主义还以军事行动恫吓革命派，长江上集中着英、日、美、德各国的军舰，日、俄两国还把军队直接开入东北，企图乘机打劫。

袁世凯由于得到了帝国主义的支持，便肆无忌惮地对革命派实行一打一拉的狡猾伎俩，向革命猖狂进攻。混入革命的立宪派则联合资产阶级右派（妥协派）逼迫孙中山向袁世凯妥协，叫嚷如果不向袁世凯让步，就有亡国的危险。孙中山在中外反革命势力的夹攻和妥协派的压力下，表示如果清帝退位，袁世凯宣布赞成共和，誓守参议院所定的《临时约法》，即选袁世凯为临时大总统。袁世凯便抓住机会，逼迫清帝于 1912 年 2 月 12 日宣布退位，并致电南京政府声明拥护共和。南京参议院这时只好选举袁世凯为临时大总统。

孙中山被迫与袁世凯妥协，但对袁世凯是存有戒心的。因此，在辞去临时大总统的职位时，就提出了一些条件来束缚袁世凯。但是因为没有实力做后盾，这些条件不但没有什么约束的力量，而且很快就被袁世凯用狡猾手段破坏了。3 月 10 日，袁世凯在北京就任临时大总统。4月5日参议院又议决将临时政府迁到北京。 中国人民经过长期努力而争得的革命果实，就这样被大地主、大买办的代表人物袁世凯篡夺，辛亥革命失败了。

（全国华）

51

《中华民国临时约法》

　　《中华民国临时约法》(以下简称《临时约法》)是在 1912 年 3 月，经南京临时参议院制定，由中华民国第一任临时大总统孙中山颁布的一部法律。 这是一部具有资产阶级共和国宪法性质的法律。

　　《临时约法》是辛亥革命的重要成果之一。 清朝末年，中国人民为了争取国家的独立和民主，进行了不懈的斗争。 以康有为为首的资产阶级改良派，发动了著名的戊戌变法运动，幻想在保持清朝统治的基础上，实行君主立宪，结果，遭到清政府的镇压而失败了，改良主义的道路没有走通。 以孙中山为首的资产阶级革命派和改良派不同，他们的理想是从根本上推翻清朝的统治和封建君主专制制度，在中国实行资产阶级的民主政治。 因此他们采取了革命的手段，屡蹶屡起地进行了武装斗争，终于推动了辛亥革命的爆发。 这次革命推翻了清朝的统治，结束了中国两千多年来的封建帝制，产生了中华民国和以孙中山为首的革命的南京临时政府。有了这个胜利，资产阶级革命派才能把自己的理想制成法律，并且把它颁布出来。因此，《临时约法》是革命斗争的产物。

《临时约法》一共七章五十六条，主要内容可以分成三个方面：

第一，规定了国家的政权性质。 约法明确规定："中华民国之主权，属于国民全体。"宣布了中国已不再是皇帝或少数人垄断的专制国家，而是"国民全体"的民主的国家。

第二，规定了国民的民主权利。 约法写下了国民有言论、著作、出版、集会、结社等自由权，有保有财产和营业的自由权，有选举和被选举权等。

第三，规定了国家的政治制度。 中国资产阶级革命派为了防止专制独裁的再现，采取了内阁制。约法规定由参议院、临时大总统、国务员和法院行使国家的统治权，对临时大总统的权力做了限制。临时大总统不但要执行参议院的决议，而且还要受国务员的制约。参议院是国家的立法机关，由各省选派的议员组成，有权议决一切法律，决定国家大政。临时大总统由参议院选举产生，代表临时政府，总揽一切政务。但临时大总统在制定官制官规、任命国务员和外交使节、宣战媾和、缔结条约以及宣告大赦等问题上，都必须取得参议院的同意。国务总理和各部总长都称为国务员，国务员辅佐临时大总统担当政府工作。临时大总统在提出法律案、公布法律和发布命令时，需要由国务员副署，表明国务员也要负其责任。临时大总统和国务员的这种关系，就是内阁制的体现。

《临时约法》并没有得到实现。辛亥革命是一次不彻底的革命，革命的果实不久就被帝国主义的走狗和封建势力的代表袁世凯窃夺了。袁世凯窃取政权之后，为了恢复封建的独裁统治，立即破坏了资产阶级民主共和的原则，撕毁了《临时约法》，把中华民国变成一块空招牌。

《临时约法》是一部资产阶级的法律，它所标榜的民主是为了实现资产阶级专政的资本主义的民主。这种民主，和社会主义的民主是根本不同的。即使实现了，也只有资产阶级能享受民主权利，而广大工农群众仍然是得不到什么民主与自由的。但在当时，《临时约法》的颁布，还是有进步作用的。

（潘喆）

袁世凯

袁世凯（1859—1916）
是河南项城人，字慰亭，
别号容庵。他的伯祖父袁
甲三是清朝的大官僚，在
太平天国时期，以镇压捻
军出名；他的父亲袁保中
在老家仗势作恶，是当地
地主武装的首领，农民群
众的死对头。他从小就过
继给他的叔父袁保庆做儿
子，这个袁保庆在清朝军
队中当官，长期跟随袁甲
三镇压革命，也是一个沾

▲ 袁世凯像

满人民鲜血的刽子手。袁世凯生长在这样一个反动透顶的大官僚地主家庭，耳濡目染，自小就深受反革命的熏陶，长大后也继承了这份反革命的衣钵。

袁世凯年轻时候是一个花花公子，整天游手好闲，寻欢作乐，学会了一套流氓无赖的本领。他为人十分阴险、奸诈，无恶不作。在他父亲、叔父都死去以后，他参加科举屡试不中，这才跟随着他叔父的一个朋友到军队中当了一名很低的文职官员，开始了他的政治生涯。

袁世凯原先只不过是一个小官，但因为他很会钻营拍马，又干了很多反革命勾当，很合卖国贼李鸿章的心意，就逐渐得到了重用。中日战争后，他被派到天津附近的小站训练新式陆军，从此他掌握了一支反革命军队，有了发家的本钱。此后，他就靠着这支反动武装，从事反革命活动，步步高升。

1898 年，他向慈禧太后告密，使康有为等领导的戊戌变法运动遭到镇压而失败；1900 年，他又帮助帝国主义在山东血腥屠杀中国人民，镇压义和团反帝爱国运动。这样，他就更加得到了清朝统治者和帝国主义的赏识。1901 年，李鸿章临死时，特地向清朝皇帝推荐袁世凯为直隶总督兼北洋大臣。从此袁世凯成为清朝统治集团中很有权势的一个大官僚了。

为了报答帝国主义和中国封建统治者的赏识和提拔，他一方面继续扩充军队，增强自己的实力；一方面更加紧了反革命活动。1905 年，他镇压了反美爱国运动，此后又在轰轰烈烈的收回路权运动中，不顾中国人民的反对，和英、德两国订立津浦铁路借款合同，和英国订立沪杭甬铁路合同。他就是这样无耻地以出卖民族利益来讨好帝国主义和维护清朝统治的。

1911 年武昌起义爆发，清朝统治迅速走向崩溃。帝国主义看到这种情况，决心另外找一条忠实走狗来代替清朝统治者。他们认为袁世凯是最合适的人物。但这时的袁世凯因为满洲贵族的排挤，已经被迫辞职，赋闲在家。于是帝国主义就极力制造言论，说收拾残局"非袁不可"。清朝统治者这时已经走投无路，见帝国主义如此推重袁世凯，权衡轻重，觉得除了起用袁世凯也别无他法。于是，袁世凯在 1911 年 11 月，被重新起用，担任内阁总理大臣，掌握军政大权。帝国主义看到他们中意的走狗上了台，非常满意，英国政府甚至在袁世凯就任之前，就迫不及待地表示："这样的政府将要得到我们所能给予的一切援助。"

袁世凯在帝国主义支持下上台后，立即着手对付革命势力。他知道在当时那样高涨的革命形势之下，光用武力不可能把革命镇压下去。于是施展了阴险诡诈的反革命两面派手法：一方面派他的北洋军向革命军猛攻，以武力相威胁；另一方面又虚伪地表示愿意和革命派谈判议和，放出"和平"的烟幕。

这种一打一拉、软硬兼施的两面派手法非常毒辣。革命派果然被袁世凯的"和平"伪装蒙蔽了。他们没有识破袁世凯的反动面目，反而以为袁世凯倾向革命，可以利用，因而接受了和平谈判，甚至推迟了临时大总统的选举，虚位以待袁世凯倒戈反正。

1911 年 12 月 18 日，双方开始谈判。在谈判中，帝国主义一直给予袁世凯极大的支持。它们表面上伪装中立，实际上却张牙舞爪，对谈判横加干涉。谈判才一开始，英、美等六国就联合发出照会，威胁革命派必须尽速和解，以后又动员帝国主义报纸，制造舆论压力，硬说谈判如果破裂，要由革命派负责，甚至表示如果谈判不成功，就要实行武装干涉。谈判期间，革命派在南京成立了中华民国临时政府，选举了孙中山为临时大总统，帝国主义非常恐惧，于是更加恶毒地进行攻击，英国甚至阴谋支持袁世凯在北方另组临时政府来对抗。由于中国资产阶级的软弱性，革命派经不住帝国主义的威胁、讹诈，对袁世凯抱有很大幻想，被迫节节退让，最后以袁世凯逼清帝退位，就选他做临时大总统为条件，达成了协议。

（汝丰）

宋教仁

宋教仁是辛亥革命时期的一个资产阶级政治活动家。

1904 年，宋教仁和黄兴等一起在长沙创立了革命团体"华兴会"。这个革命团体成立以后，就决定在这一年阴历十月清朝执政者慈禧太后的生日那天，在湖南发动起义。但是，由于计划被泄露，起义没有成功。参加起义的革命者被清政府到处追捕，宋

▲ 宋教仁像

教仁在国内无法存身，只好逃亡日本。1905 年，孙中山在日本联合"华兴会""光复会"等革命团体组织"同盟会"，宋教仁是其中一个积极的参加者。

1912 年，袁世凯窃取了辛亥革命的胜利果实以后，宋教仁和当时许多同盟会会员一样，并不认为把革命的政权交给袁世凯是一个严重的错误。他反而认为民国已经建立，革命就算成功了，于是就沉浸在建设这个空有其名的资产阶级共和国的梦幻之中。

袁世凯所要的不是什么资产阶级民主共和国，而是代表旧势力的反动独裁统治。他上台以后，就开始集中权力，排挤革命势力，逐渐暴露出他的狰狞面目。当时迫切的问题是通过革命手段与这个反动派进行斗争，把革命果实夺回来。但是，作为同盟会实际负责人之一的宋教仁，放弃了革命的主张，仍然力谋和袁世凯妥协。他提出了"新旧合作""朝野合作"的口号，幻想通过所谓资产阶级的"政党政治"来限制和约束袁世凯。他特别热衷于选举活动，亲自游说各地，宣传说："世界上的民主国家，政治的权威是集中于国会的，在国会里头，占得大多数议席的党，才是有政治权威的党，所以我们要致力于选举运动……"当时的宋教仁，十分迷恋资本主义国家的议会政治，以为只要通过政党的"合法"活动，就可以掌握到实际权力。

为了争取在国会中占到绝对的优势，实现所谓"政党政治"，宋教仁把同盟会改组为国民党，不加区别地滥肆吸收党员，把许许多多投机政客、封建旧官僚，以及向来与革命为敌的立宪派分子都拉进国民党。这样一来，本来就十分松懈的同盟会，完全变成了一个七拼八凑的烂摊子，很难发挥什么战斗力了。在国会选举中，国民党人多势大，果然表面上获得了压倒多数的胜利。于是，国民党人大为欢欣，并且宣称要以多数党的资格，成立一党内阁，而宋教仁出任内阁总理的呼声，也在这一片选举的胜利声中越来越高。这时的宋教仁，满以为经过议会斗争完全可以取得胜利，对资产阶级议会的幻想达到了顶点。

宋教仁的这些活动，对袁世凯实行专制独裁的野心是很大的妨碍，早就引起袁世凯的注意。袁世凯在他以金钱诱惑宋教仁，遭到了拒绝以后，就决心用毒辣的手段拔掉这颗眼中钉。当宋教仁游说各地的时候，袁世凯派遣暗探，随时密报宋教仁的行动。当他看到宋教仁的活动已经日益严重地威胁着自己的统治地位，就通过他的爪牙——内阁总理赵秉钧和国务秘书洪述祖，秘密安排了刺杀宋教仁的阴谋。这时，宋教仁正风云一时，沿着京汉路南下，到湖南、湖北、安徽、南京、上海等地，到处发表演说，批评时政，抒发抱负，满以为胜利在望。1913年3月20日，他正准备结束南下的宣传活动返回北京，就在上海车站被袁世凯派出的特务暗杀了。他临死以前，还留下一个遗电给袁世凯，对袁抱着殷切的希望说："望总统开诚心，布公道，竭力保障民权，俾国会确立不拔之宪法，则仁虽死犹生。"他哪里知道，杀死他的正是他所殷切期望的"袁大总统"呢！在暗杀宋教仁以后，袁世凯发动反革命内战，打败了南方革命势力的反抗，最后干脆把国会也解散了。至此，宋教仁一心为之劳碌奔波、极力宣传的议会内阁制也就结束了。

（汝丰）

二次革命

"二次革命"发生在宋教仁被袁世凯暗杀以后,是孙中山企图挽回辛亥革命的失败而发动的一次革命斗争,目的是要推翻袁世凯,重新恢复资产阶级革命派的领导权。

宋教仁被暗杀以后,袁世凯为掩盖全国耳目,还装腔作态,命令江苏地方当局,要"穷究主名,务得确情,按法严办"。但"穷究"结果,从捕获的凶手和搜到的密电、密信等一切罪证证实,谋杀的主使人就是大总统袁世凯自己。真相大白,全国舆论哗然。这时,孙中山从日本回到上海,他看清了袁世凯的反动面目,认识到"非去袁不可",极力主张出兵讨袁,发动二次革命。

本来,暗杀宋教仁只不过是袁世凯彻底镇压革命力量的信号。袁世凯左手拿着枪,右手也拿着枪,只有照他那样也拿起枪来反抗,才是办法。但是,在国民党领导人之间,孙中山的主张,除了担任江西都督的李烈钧和其他的一些人积极支持,很多人都不同意。黄兴、陈其美等，认为武装反抗的条件还不成熟，主张等待法律解决；在北京的国民党议员，大唱"法律倒袁"的高调，仍旧在那里做着合法斗争的迷梦；国民党在南方握有一些实力的其他几个都督，各有打算，也不积极。这样，组织涣散，意见分歧，二次革命迟迟不能发动。

政权掌握在袁世凯手里，所谓"法律解决"自然只是一种空想。实际上，当谋杀宋教仁的真相败露以后，袁世凯已经决心进一步用武力来彻底消灭国民党的反抗。他一面向帝国主义借钱求援，一面秘密地调兵遣将，积极准备发动反革命内战。

帝国主义知道袁世凯要镇压革命，就积极出来支持。1913 年 4 月，英、法、德、日、俄五国，联合借给了袁世凯二千五百万英镑（这就是所谓的"善后大借款"），同时，各帝国主义都纷纷表示，将正式承认袁世凯反动政权，从政治上给袁世凯撑腰。他们说："承认袁世凯政权，不仅意味着袁世凯权力实际增加，而且将相当加强其反对中国南部分裂运动的地位。"美帝国主义最积极，它一马当先，于 1913 年 5 月 2 日，首先承认了袁世凯政权。

有了帝国主义的支持，袁世凯胆子更大了。5 月 24 日，他杀气腾腾地说："现在看透孙（中山）、黄（兴），除捣乱外无本领……彼等若敢另行组织政府，我即举兵讨伐之。"接着就在 6 月里先后撤销江西李烈钧、广东胡汉民、安徽柏文蔚的都督职位，同时命令事先已经集结在九江、南京附近的军队发动进攻。于是，李烈钧于 7 月 12 日在江西湖口宣布独立，发表讨袁通电，起兵讨袁。黄兴也在 15 日赶到南京响应。其余安徽、广东、福建、湖南、四川及上海等地也先后宣布独立。至此，讨袁战争爆发，孙中山号召的"二次革命"，在十分仓促的被动局面下开始了。

这时，帝国主义强盗又直接或间接地在军事上给了袁世凯很多援助，德国还派了军官，出动了军舰，帮助袁世凯军队作战。1913年7月30日，德国外交大臣曾说："德国因为它的重大经济利益，不得不要求立即扑灭革命。"

二次革命的领导者没有发动广大的人民群众参加讨袁斗争，宣布独立的各省之间又缺乏统一指挥，因此，袁世凯在帝国主义支持下，以优势的武力，很快就把讨袁军打败。8月18日，南昌落入敌手，9月1日，南京又被攻占，原来宣布独立的各省，在战争失利的情况下，先后撤销独立。二次革命就这样在不到两个月的短时间内失败了。领导这次革命的孙中山，又一次被迫逃亡日本，重新组织力量，准备发动新的革命斗争。

（汝丰）

55

袁世凯的皇帝梦
护国运动

　　袁世凯盗窃了辛亥革命的胜利果实以后，立即着手巩固和加强他的大地主大买办阶级的反动专政。他表面上口口声声民主共和，实际上实行独裁专制。

　　帝国主义和封建势力是不容许中国实现资产阶级的民主政治的。袁世凯不但是民主政治的死对头，而且是一个永不满足的野心家。他暗杀了宋教仁、镇压了二次革命之后，又玩弄权术，当上了正式大总统。到1914年1月，他就下令解散了国会；5月，又宣布废除了《临时约法》，把辛亥革命奠立的最后一点民主原则全部破坏。这时，他把自己的权力扩大到了最大限度，但还不满足，决心要去掉"民国"这块空招牌，恢复封建帝制，来一个黄袍加身，由他来当袁氏朝廷的始皇帝。

　　他在废除了《临时约法》后所颁布的《新约法》中，把责任内阁制改为总统制，规定的总统权力和世袭皇帝相差无几；把国务

▲ 袁世凯穿龙袍半身像

院改为政事堂；内阁总理改为职位和名义都与封建朝廷的宰相相仿的国务卿；各省都督也改称将军，民政长则改称为巡按使……一切都按封建帝王的老办法来做，恢复帝制的阴谋活动，在"民国总统"的外衣的掩盖之下，越来越积极，越来越露骨了！

辛亥革命虽然把封建帝制摧毁了，但是对封建帝制的根子——封建土地制度，连一根毫毛也没有动。帝国主义和中国封建反动势力在这个基础上照旧进行统治，袁世凯也在这个基础上大做皇帝梦。

帝国主义为了扩大它在中国的侵略权利，积极支持袁世凯恢复帝制的阴谋活动，以便趁机多捞一把。袁世凯的顾问、美国人古德诺写了《共和与君主论》一文，为袁世凯恢复帝制鼓吹，文中胡说八道，诬蔑中国民智低下，不适于共和制度，只适于君主制度。甚至威胁中国人民说："如果不采君主制，将会引起外国的武装干涉。"德皇威廉二世接见袁世凯的大儿子袁克定时就露骨地表示："……革命分子势力甚脆弱"，要袁世凯"挟大总统之威权，一变中华民国为帝国皇帝"。还说："我德誓以全力赞助……"英国也不落后，驻中国公使朱尔典就曾经多次向袁世凯表示极力赞成帝

▲ 袁世凯乘坐轿子前往天坛祭天

制。但是，当时第一次世界大战已经爆发，袁世凯看到这些国家无力东顾，最有力量的还是日本，因此极力讨好日本，乞求支持。日本当时想乘机独霸中国，于是提出了极为苛刻的"二十一条"，作为支持帝制的交换条件，表示只要袁世凯承认了，就可以请"贵大总统再高升一步"。"二十一条"的内容实际等于灭亡中国，但袁世凯为了实现他的皇帝梦，竟不顾中国人民的反对，丧心病狂地签字接受了。

有了帝国主义的支持，帝制活动逐渐走向高潮。各种反动势力、牛鬼蛇神都忙碌起来了。以杨度为首的拥戴和鼓吹帝制的"筹安会"出现了，接着各式各样的支持帝制的"请愿团"也出现了。这些请愿团，名目繁多，不但有所谓"乞丐请愿团"，还有所谓"妓女请愿团"，真是五花八门，无奇不有。分散在中央和地方的袁世凯的走狗喽啰们，这时又是通电，又是公函，纷纷"劝进"，说什么"恭戴今大总统袁世凯为中华帝国皇帝，并以国家最上完全主权奉之于皇帝，承天建极，传之万世"。

到了 1915 年 12 月，袁世凯迫不及待地要参政会出面，召集了所谓国民代表大会，进行所谓国体投票。在开会期间，袁世凯又是武力威胁，又是金钱收买，各省投票结果，全部同意改行君主政体，推戴袁世凯为皇帝。12 月 11 日，参政院以代表民意的资格，上书劝进，袁世凯还假惺惺地表示谦逊，退还了推戴书。参政院于是再次开会，在十五分钟之内完成了第二次推戴书，当晚再度送去。第二天，袁世凯装成不得已的样子，正式接受了帝位。第三天，袁世凯就在居仁堂受百官朝贺，并封黎元洪为武义亲王，宣布将民国五年改为"洪宪"元年，积极准备登基做洪宪皇帝了。

但是，就在袁世凯扬扬得意，准备登上皇帝宝座的时候，反袁的烽火已经燃烧起来了。以孙中山为代表的革命派是反袁最坚决的力量，他们在各地组织暴动，策划起义。可是由于他们没有发动广大群众，停留在单纯的军事冒险上，因此不断失败。然而，反袁的火种既已点燃，就难以扑灭，人民群众是绝不容许封建帝制再现于中国的。

1915 年 12 月 25 日，云南宣布独立，爆发了护国起义，组织护国军分兵北上。护国军的力量并不大，但由于反袁是人心所向，所以很快就得到了广大人民的拥护和支持。随着护国军的胜利，1916 年 1 月，贵州宣布了独立，接着广西也宣布独立，四川、湖南、广东等省，形势也十分紧张。帝国主义这时害怕反袁的怒火烧到自己身上，也来了一个向后转，拒绝继续支持袁世凯称帝。袁世凯开始感到大事不好，在 3 月 22 日被迫宣布撤销帝制，还想继续当大总统。但护国军不答应，他们声明袁世凯是叛国的罪人，不能再当总统，要他辞职。形势急转直下，对袁世凯越来越不利，4、5月间，广东、浙江、陕西等省又先后宣布独立，最后连袁世凯最忠实的走狗控制的四川、湖南两省在广大人民的压力下，也宣布了独立。众叛亲离，袁世凯走到了绝境。6月6日，这个窃国大盗在全国人民的唾骂声中死去了！

（鲁素）

56

张勋复辟

"张勋复辟"发生在 1917 年 7 月。提起这件事来，还得从张勋头上的"辫子"以及他率领的"辫子军"说起，因为张勋和他率领的军队，在民国建立以后，是以留辫子出名的。

把头上四周的头发剃掉，在中间留起一条辫子垂在背后，这是从前满族人的习俗。满族贵族建立了清朝政权以后，强迫其他各族人民也遵照这种习俗。无论是谁，都必须剃去头发，留起辫子，不这样，就是谋反，就要砍头。这就是所谓的"留头不留发，留发不留头"。成千上万的汉族和其他各族人民，因为反抗清朝统治者这一野蛮残酷的压迫措施，遭到了残酷的屠杀。在遭受剥削和压迫的广大人民心目中，辫子便成了清朝反动统治的标记。那些依附清朝统治者的忠实奴才，则把留起辫子当作投靠满族贵族，感恩献媚的手段。

张勋就是这样的奴才，他做过清朝署理两江总督、江苏巡抚、江南提督等要职，一贯善于压榨和迫害广大人民，对清朝皇帝则十分忠心。在清朝统治之下，他对那根奴才的辫子视同珍宝是十分自然的。到了辛亥革命之后，清朝皇帝已经被推翻了，全国人民都兴高采烈地剪掉了辫子。但是，已经换上了民国衣冠的张勋，不但自己舍不得剪掉那根辫子，他的军队，也都仍然留着辫子。因此，他的军队被称作"辫子军"，他自己也得到了"辫帅"的徽号。

张勋为什么要留着辫子呢？用意非常清楚。他虽然被迫归顺了民国，但无时无刻不在梦想复辟。复辟，在当时就是要恢复封建皇帝的专制统治。因此，张勋为了表示自己曾是大清的忠臣和对皇帝的怀恋，一句话，为了复辟，就把辫子保留着。这个顽固透顶的反动军阀，对清朝封建帝制的覆灭是不甘心的，对革命抱有刻骨的仇恨。武昌起义时，他率领军队盘踞南京，与革命军顽抗；袁世凯窃国后，他拖着辫子做了民国的大官，但仍然企图恢复清朝帝制。袁世凯镇压"二次革命"，他最为卖力。"辫子军"攻下南京，他下令放假三日，任凭他们杀人放火，奸淫抢掠，使南京人民遭受了劫难。

辛亥革命是一次不彻底的资产阶级民主革命，清朝统治下的孤臣遗老、皇亲贵族无一不想卷土重来。尽管他们头上的辫子被迫剪掉了，但心里的辫子牢固地存在着。一旦机会到来，他们就要复辟。袁世凯就是辛亥革命后第一个企图复辟的人物，不过他是把原先的清朝皇帝撂在一边，而梦想自己登上皇帝的宝座罢了。袁世凯做了八十三天皇帝梦就倒台了，接着而来的就是张勋。他自知力量远远不如袁世凯，还不敢梦想自己做皇帝，但是他梦寐以

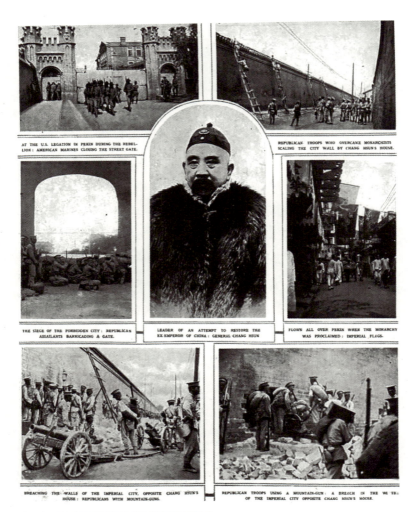

▲ 当时的外国报纸报道"张勋复辟"

求的是拥护清朝废帝重掌江山，做一个复国元勋。到了1917年，民国的总统黎元洪和国务总理段祺瑞争权夺利，发生了尖锐的矛盾，张勋看到有机可乘，就拥兵北上，演出了复辟的丑剧。

段祺瑞是北洋军阀中皖系的首领，很有实力。黎元洪虽然是总统，但政府的实权操纵在段祺瑞手中，他等于是一个傀儡。第一次世界大战爆发以后，段祺瑞在日本的支持下，以参战为借口，企图驱逐黎元洪。但黎元洪得到美国的支持，反对参战，极力向段反击。后来段祺瑞跑到天津以辞职相威胁，黎元洪就以罢免段祺瑞的国务总理职务相报复。双方的矛盾达到了不可调和的程度。这时，段祺瑞决心以武力来对付黎元洪，在他的唆使下，北洋军阀皖系、直系督军纷纷宣布独立，准备进兵北京。久谋复辟的张勋就利用这个机会，一面通电要求黎元洪退职，以此讨好段祺瑞；另一面又表示愿意入京调停黎段之争，为拥兵复辟设下圈套。段祺瑞为了利用张勋推翻黎元洪，极力怂恿他来北京，甚至暗中表示支持复辟。黎元洪正在四面楚歌之中，见有非皖系的张勋出来调停，想借张以对抗段祺瑞，因而也表示接受张勋的调停。1917年6月，张勋就打着调停的旗号率军北上。到天津后，这个以调停为名、复辟为实的"辫帅"就改了腔调，发出通电，威逼黎元洪解散国会，否则就不负调停之责。黎元洪知道上了大当，但已经无力挽救，被迫于6月13日宣布解散国会，张勋随即进入北京，着手复辟。

张勋入京后，头一件大事就是到紫禁城向清朝废帝溥仪（宣统皇帝）叩头请安。清朝皇室和那些贵族王公早就盼望有死灰复燃的一天，这时，他们从张勋身上又找到了希望。一时之间，什么

▲ 张勋复辟时的溥仪（前排坐者）

"恢复祖业"啦！"光复旧物"啦！"还政于清"啦！这些奇声怪调立即嚣张起来。保皇党的首领康有为也赶来北京，为张勋出谋献计。复辟的活动进入了高潮。

　　1917年7月1日，经过一番仓促的准备，张勋正式宣布清帝溥仪复辟，恢复清朝旧制。同时还颁布了许多上谕：改民国六年为宣统九年，封黎元洪为一等公爵，冯国璋（原副总统）为两江总督兼南洋大臣，张勋为直隶总督兼北洋大臣，各省督军改称巡抚，等等。这时，北京街头龙旗飘扬，多年不见的清朝袍服也重新出现，那些曾经被迫剪掉辫子的封建余孽，用假辫子拖在脑后，摇头摆尾地庆贺大清一统重建，十分得意。

　　张勋宣布复辟，黎元洪逃到东交民巷日本使馆，一面通电由冯国璋代行总统职务，一面被迫重新任命段祺瑞为国务总理。段祺瑞见解散国会和驱逐黎元洪的目的都已达到，又看到复辟非常不得人心，就乘机而起，宣布反对复辟，自任"讨逆军"总司令，在天津马厂誓师，北上讨伐张勋。

"讨逆军"于 7 月 12 日攻进北京，张勋慌忙逃到外国使馆避难。这时，先前那一切乌七八糟的景象，又烟消云散了。大街小巷，到处都是辫子军逃命时剪下来的辫子，复辟的丑剧，前后只演了十一天！

此后，段祺瑞重新掌握了军政大权，民国有名无实依然如故，但是中国人民反抗军阀的斗争越来越发展了！

（鲁素）

北洋军阀

"北洋军阀"是近代中国社会的一支反动势力，它们在帝国主义的支持下，拥有以新式武器装备的军队，控制着北京政权，代表帝国主义和中国大地主大买办阶级的利益，对广大人民实行黑暗而残酷的统治。在辛亥革命后的十多年中，中国社会一直处在北洋军阀反动势力的统治之下。

中日甲午战争后，清政府在 1895 年开始编练新军。袁世凯被派在小站（天津附近）编练"新建陆军"，他把原来淮系官僚胡燏棻（yù fēn）所练"定武军"四千七百五十人接收过来，并扩充到七千人，这就是后来"北洋军阀"武装的基础。以后北洋军各派系的首领如段祺瑞、冯国璋、曹锟、王士珍等，当时都在袁世凯手下当军官，后来都是随着这支反动武装的发展而爬上去的。

1898 年后，袁世凯的"新建陆军"和董福祥的"甘军"、聂士成的"武毅军"同属清政府反动首脑之一的北洋大臣荣禄统率，并称"北洋三军"。"北洋"的名称自此开始。在"戊戌变法"运动中，袁世凯用出卖维新派的卑劣手段，得到了反动头子慈禧太后的信任。到1899年，"新建陆军"改编为"武卫右军"（"武卫军"分左、右、中、前、后五军），编制达万人左右，归武卫军统领、大学士荣禄节制。

在义和团运动期间，袁世凯积极镇压人民的反帝斗争，表现了忠于帝国主义的奴才本质，得到了帝国主义的赏识。1901年李鸿章死后，在中外反动派的共同支持下，袁世凯继任为直隶总督兼北洋大臣。这时的北洋"武卫军"中的其他四军都在八国联军的进攻下溃散了，只有袁世凯的右军因随他到山东屠杀义和团群众而保存下来。这支反动武装以后不断扩充，并改名"北洋常备军"，几乎完全由袁世凯一人控制。到辛亥革命前，北洋军的势力由直隶扩展到了山东、河南、江苏及东三省等地。依靠这支反动武装和帝国主义的支持，袁世凯成了清廷中"举足轻重"的人物。辛亥革命爆发后，他利用这种地位和实力，对抗以孙中山为首的革命势力，窃夺了革命果实，自己当大总统，开始了以他为首的"北洋军阀"的反动统治。

袁世凯大量地出卖民族利益，换取各帝国主义对他的支持，成为各帝国主义共同统治中国的总工具。因此，在他死前，"北洋军阀"集团尚能维持表面的"统一"。他死了以后，"北洋军阀"在帝国主义强盗分别收买和互相争夺之下，开始分裂，在分裂的各派军阀中，比较大的是直系、皖系和奉系。

直系军阀的首领是冯国璋、曹锟和吴佩孚等，他们主要投靠英、美帝国主义，是英、美侵略中国的工具。

▲ 张作霖像

皖系首领是段祺瑞、徐树铮等，他们和直系的首领原来都是袁世凯手下的重要角色。袁死后，两系间争权夺利的斗争特别厉害。

奉系首领是张作霖，盘踞在东北地区。

皖系和奉系都是投靠日本帝国主义的，成为日本侵略中国的工具。

此外还有很多大小不同的军阀派系，各自占据一块地盘，掌握一部分武装，投靠一定的帝国主义。这些军阀为了争权夺利，经常互相发生冲突，形成了连年不断的军阀混战局面。

袁世凯死后，黎元洪继任大总统，直系冯国璋任副总统，皖系段祺瑞任国务总理，掌握实权。为了对付非北洋系的黎元洪，直、皖系曾暂时合作，但由于投靠的帝国主义不同，互相间的利害冲突和矛盾还是很大的。1917 年，冯、段终于借"张勋复辟"事件，挤走了黎元洪。接着，冯国璋当了大总统，段祺瑞仍做国务总理，他们变本加厉地出卖民族利益，继续北洋军阀的专制统治。不久，冯、段之间为了扩充势力、抢占地盘，矛盾逐渐尖锐起来。1920 年 7 月，直系联合奉系打皖系，皖系战败，中央政权开始由直、奉两系联合控制。

直、奉军阀也只是暂时的联合，因为它们投靠的帝国主义不

▲ 驻守街头的皖系军队

同，帝国主义之间的矛盾必然影响它们之间的利害关系。1922 年
4 月终于又爆发了直奉战争，结果奉系战败，退出关外，中央政权
由直系全部控制。奉系军阀不甘失败，1924 年 9 月又挑起了第二
次直奉战争，这次奉系取得了胜利，皖系段祺瑞也乘机攫取了北京
"临时执政"的地位，在奉系卵翼下重新把持中央政权。

　　"北洋军阀"的黑暗统治和它们之间的混战，给全国人民带来
了深重的苦难。富有优良革命传统的中国人民，曾经进行了多次
的反军阀斗争。

　　五四运动以后，中国人民革命进入了一个全新的历史时期，就
是新民主主义革命时期。特别是从 1921 年起，由于有了中国共
产党的领导，革命的面目焕然一新，反军阀的斗争迅速向前发展。
1926—1927 年，在共产党的领导和推动下，广东的革命政府举行
了"北伐战争"。在全国人民的积极支援下，终于摧毁了"北洋

军阀"的黑暗统治。但是，隐藏在革命内部的反革命头子蒋介石，在帝国主义的收买和支持下，发动反革命政变，窃夺了革命的胜利果实。代替"北洋军阀"统治的是国民党新军阀的黑暗统治，新民主主义革命时期的第一次国内革命战争失败了。

（刘守诒）

58

护法运动

1916 年袁世凯死后，北京反动政府的政权落在另一个北洋军阀亲日派段祺瑞的手里。段祺瑞想独揽大权，但 1912 年公布的《临时约法》，对他实行独裁统治是不利的，因此他解散了旧国会和废除了《临时约法》。

当时的很多资产阶级革命家是把 1912 年的《临时约法》和国会作为共和国的象

▲ 段祺瑞像

征的。坚持民主主义革命的孙中山便起来号召保护约法，召集旧国会。1917 年 7 月，孙中山到达广州，大部分国会议员也跟着南下。海军受了革命影响，也宣布"拥护约法，恢复国会"，并且将舰队开到广州。当时，盘踞在两广的桂系军阀陆荣廷和称霸云南的滇系军阀唐继尧在争权夺利上和段祺瑞的矛盾很大，又感到自己的力量不足，想利用孙中山的名义来对抗段祺瑞，于是假意地也表示拥护约法。1917年8月孙中山在广州召集了"非常国会"，组成了护法军政府，孙中山为大元帅，陆荣廷、唐继尧为元帅，和段祺瑞的北京政府相对立。

北洋军阀中，以段祺瑞为首的皖系，和以冯国璋为首的直系之间，也存在很深的矛盾。当时段祺瑞决心"武力统一"中国，派直系军队进入湖南攻打护法军。冯国璋却企图勾结西南军阀，排挤段祺瑞，因此，指示他的军队采取消极态度，并提出了"和平统一"的口号，对护法军政府表示让步。

以政治投机为目的的陆荣廷、唐继尧这时也大肆活动，拉拢国会议员，共同排斥孙中山，破坏护法运动。1918年2月拥护孙中山的军政府海军总长程璧光被人暗杀，甚至孙中山招募的卫队也被反动派捕杀。反动派在解除了孙中山控制下的军事力量以后，接着又进一步改组军政府，取消大元帅制，改为七总裁制，由老官僚岑春煊当主席总裁，把孙中

▲ 冯国璋像

山变为一个毫无实际权力的七总裁之一。孙中山见护法运动毫无进展，在广州也无法立足，就在 1918 年 5 月离开广州去上海。离开广州时发表宣言说："南北军阀都是一丘之貉。"他开始了解到依靠这些人是不能护法的。孙中山离开广州以后，军政府便完全操纵在桂系军阀的手中。后来南方和北方进行和平谈判，护法运动就这样不了了之地失败了。

（鲁素）

京剧

提起京剧的历史，有近两百年了。如果从它的前身徽戏说起，那还要早个四五十年。

安徽戏班从乾隆五十五年（1790）开始，先后有三庆、四喜、春台、和春等班，来到北京，被称作四大徽班。他们丰富多彩的演出，和一些思想内容较好的剧目，受到北京观众的欢迎，逐渐地取代了本来在北京流行的昆曲、京腔、秦腔等剧种的地位，成为北京剧坛的主力。

徽戏的唱腔以二黄调为主。到了道光年间（1821—1850），湖北的湖广调（楚调，也就是汉剧）也进入北京，带来了西皮调的唱腔。这两个本来有着血统关系的姊妹剧种，很快地结合起来，使西皮调和二黄调在北京同台演唱。以这两种唱腔为主，然后又吸收融化了昆曲、京腔、秦腔等剧种的精华部分，构成了本身唱（歌唱）、念（说白）、做（身段动作）、打（武打）一套完整的体系，逐渐形成了一种新的戏曲，人们把它叫作京调或皮黄，也就是今天的京剧。

到了同治、光绪年间（1862—1908），京剧进一步发展，不仅出现了许多优秀演员，同时逐步地向外发展，较大的都市如天津、上海、汉口、长沙，都先后有京剧班子演出。

▲ 清人绘京剧武生像，图为《贾家楼》中的罗成

京剧的表演（包括唱、念、做、打），无论生、旦、净、丑，都有一定的程式，但在京剧的发展过程中，不少杰出的表演艺术家在传统程式的基础上，经过自己的艺术实践，不断地丰富和创造，形成了各种不同流派的艺术风格。

没有一种艺术能够超越于时代之外。京剧和许多别的艺术一样，有着自己的战斗历程。辛亥革命前后，有许多京剧艺人基于祖国的危亡，曾经演出了不少适应当时政治形势要求的剧目，有些爱国艺人还直接参加了当时的革命斗争。他们当中，如汪笑侬，不但是一位杰出的表演艺术家，而且是一位爱国志士。袁世凯窃国后，他编演了《党人碑》，讽刺这个专制独裁者。刘艺舟编演的《皇帝梦》，把袁世凯的奸相和丑态，演得淋漓尽致，尽管当时袁世凯已经死了，但对于北洋军阀的丑恶本质，仍然是有力的揭露和抨击。在抗日战争时期，梅兰芳、程砚秋、欧阳予倩等，都编

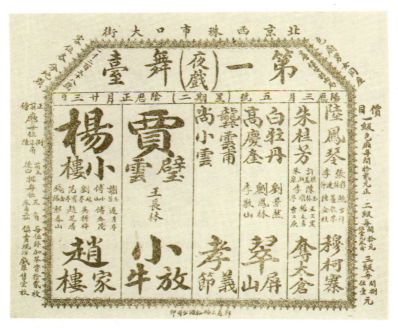

▲ 北京西珠市口大街第一舞台票（夜场）

演了一些具有爱国主义思想的剧目。如梅兰芳的《抗金兵》《生死恨》，程砚秋的《亡蜀鉴》《荒山泪》，欧阳予倩的《梁红玉》《木兰从军》等。由此可见，京剧在它的历史发展中，有着战斗的优秀传统，这是非常可贵的。

　　然而，京剧的发展也并不是一帆风顺的。它曾经遭受过反动势力的摧残和践踏，有过自己的盛衰兴败。在清朝统治时期，它一度被皇帝、贵族、官僚所"赏识"，成为宫廷里的消遣品，被利用为封建统治阶级服务。一些根据历史题材改编的剧目，如《四郎探母》和《彭公案》《施公案》之类，大都是这个时期编演的，这就使它脱离了广大群众。在国民党反动统治之下，京剧遭到的摧残更是十分严重，一些庸俗下流、迷信荒诞，甚至极其丑恶淫秽的剧目，曾经风行一时。反动派把艺术糟蹋得不像样子，许多艺人穷困潦倒，过着辛酸的血泪生活。

在中国共产党领导之下，曾经产生了如《三打祝家庄》《将相和》等富有思想性的优秀剧目。1964年举行的京剧现代戏观摩演出大会，是京剧艺术史上的一场大革命。这次观摩演出的许多优秀剧目，不仅具有很高的思想性，热烈地反映了我们伟大的社会主义时代，而且具有很强的艺术感染力，成功地塑造了许多革命的英雄形象，受到了广大观众的热烈欢迎，衷心赞赏。这次观摩演出大会宣告：社会主义的新京剧诞生了。

（龚书铎）

60

现代话剧

中国传统戏曲着重唱、念、做、打。 除了唱和做属于歌唱和舞蹈，念和打可以说是语言和动作，这已经包含现代话剧的因素。所以，中国现代话剧在古典戏曲中就可以找到它的基础。 但是，完全以语言和动作为主要表演手段，采用分幕分场的近代编剧方法和写实的化妆、服装、装置、照明，以及表现当代的生活斗争和历史故事的现代话剧，只有五十多年的历史。 它是 20 世纪初期中国社会激烈动荡的产物。

20 世纪初期的中国，已经处于辛亥革命的前夜，民族矛盾和阶级矛盾十分尖锐。 当时，许多爱国青年看到国家民族的危亡，纷纷到外国留学，渴望从国外找到救国救民的好办法，找到使国家独立富强的出路。

日本是中国留学生最多最集中的地方，留学生中的革命活动和革命宣传也最活跃。 他们有的直接参加了孙中山领导的革命组织同盟会；有的翻译介绍欧美资产阶级革命时期的进步著作；有的则通过文学艺术的武器，创作通俗的诗歌、鼓词等，宣传救亡图存的道理，鼓吹革命。中国现代话剧就是在这样蓬勃发展的革命潮流中产生发展起来的。

1907 年 2 月，留日学生曾孝谷、李息霜等受日本新派剧的影响，组织了一个演剧团体，叫"春柳社"。后来曾孝谷还把林纾、魏易翻译的小说《黑奴吁天录》改编为五幕话剧，并于这一年 6 月初，在日本东京正式公演。著名的戏剧家欧阳予倩就是在这时加入春柳社的，并且参加了这一次演出。

《黑奴吁天录》的演出获得了很大的成功。演员们的出色表演和话剧这一新颖的艺术形式大大地吸引了观众，当时看过这次演出的日本著名戏剧家也给了很高的评价。尤其是剧中所揭示的反对帝国主义压迫黑人的主题思想，对于长期遭受帝国主义侵略的中国人，可谓引起了强烈的同情和共鸣，这就更使这次演出受到了热烈的欢迎。

小说《黑奴吁天录》原名《汤姆叔叔的小屋》，原作者是 19 世纪 50 年代美国进步作家斯托夫人，这是一部揭露和反对美国资本家虐待黑人的作品。由于作者对资本主义制度没有本质的认识，加上作者出身于基督教家庭，深受宗教思想的影响，所以，这部小说不但没有能够指出种族歧视和压迫来源于资本主义剥削制度，而且宣扬了基督教听天由命、逆来顺受的宿命论观点，使小说具有很大的局限性。但作者以深刻有力的笔触，描绘了美国黑人所遭受的骇人听闻的奴役和虐待，揭露了美国统治阶级和奴隶主迫害黑人的滔天罪行，在当时是有进步意义的。翻译者的意图也就是要借

▲ 春柳社在日本演出《黑奴吁天录》时的剧照

此警醒中国人民。林纾在为译本所写的序言、跋文和译例中曾经一再强调翻译这本书的目的是由于帝国主义的侵略日益加深,"不能不为大众一号",激发国人"振作志气"。他不但反复表示了对帝国主义者残酷压迫的愤慨,警告中国人民必须独立自强,而且指出美帝国主义虐待在美国的华工也一样残酷,华工比起美国黑人的遭遇只有过之而无不及,批评了那种认为帝国主义也能宽待殖民地人民的谬论。从这里可以看出,春柳社当时选择了这一小说编为剧本,是适应客观形势的要求,用来表达他们的爱国主义的思想感情和激发群众的民族意识。

话剧《黑奴吁天录》虽然是由翻译小说改编的,但在此以前,中国还没有过自己编写的如此完整的多幕话剧,因此可以说,《黑奴吁天录》不但是中国现代话剧最早的一次演出,而且是中国最早创作的一个话剧剧本。

春柳社为中国现代话剧的开创做了许多工作,可说是中国最早的话剧团。它在中国现代话剧事业上迈出了第一步后,影响很快就扩大到国内。1907 年,王钟声在上海创立了"春阳社",第一次演出的也是《黑奴吁天录》。1910 年，春柳社员任天知又组织了"进化团"。在此期内，宣传革命、鼓吹进步的剧团风起云涌。辛亥革命后，春柳社员陆镜若在 1912 年又成立了"新剧同志会"（春柳剧场），接着欧阳予倩等许多春柳旧人回国，也都加入演出，形成了中国现代话剧创始期的热潮。所以，1907 年"春柳"的《黑奴吁天录》，可说是我国现代话剧的起点。

很有意义的是，《黑奴吁天录》在 1957 年由当时参加演出的欧阳予倩重新改编，以《黑奴恨》的剧名再次上演。这时，中国现代话剧已经走过了五十年的战斗途程；中国人民已经在中国共产党领导下获得了解放；全世界人民反对帝国主义奴役和压迫的革命斗争正汹涌澎湃，不可阻挡。《黑奴恨》以崭新的姿态出现，它克服了《黑奴吁天录》当年的种种局限，强烈地反对美帝国主义对黑人的残酷虐待和迫害，反映了种族斗争实质上是阶级斗争的伟大真理。

（汝丰）

61

中国工人阶级的
成长和壮大

辛亥革命以后，中国民族工业曾有些发展。在第一次世界大战期间，由于欧洲几个主要的帝国主义国家忙于互相厮杀，暂时放松了对中国的压迫，民族工业更有了较快的发展。从1911年到1919年的八年间，近代工业中的民族资本，增加了一亿三四千万元，超过了以往的五十年。但是因为半殖民地半封建的社会情况没有什么改变，民族工业的发展主要只表现在某些轻工业上，特别是纺织业和面粉业发展得比较迅速。1911年投资纱厂的资本，不过一千七百万元；到1919年，投资总数达到六千万元，增加了两倍半还多。1911年全国面粉厂和机器磨坊只有四十家，资本不过六百多万元；1919年增加到一百二十多家，资本达四千五百万元；每昼夜生产面粉的能力，也从四万三千袋增加到十八万八千袋。生产出来的面粉还大量运销国外，变过去的入超为出超，1919年的出超额在一千万海关两以上。

随着民族工业的发展，中国工人阶级的队伍也很快壮大起来。辛亥革命以前，中国近代产业工人有五六十万人；到 1919 年，已增加到二百万人左右。他们大都集中在上海、天津等少数几个大城市里，集中在矿山、铁路、纱厂、面粉厂等少数近代工厂大企业里。这种高度集中的情况，在世界上是少有的，这使他们便于联合和团结，容易组织起来进行斗争。

在北洋军阀统治期间，中国工人阶级没有从辛亥革命中得到任何实际利益，他们仍然受着帝国主义、封建主义和资本主义的三重残酷的剥削和压迫，过着极其苦痛的生活。一般工人的工资，每天只有两三毛钱，连最低的生活都很难维持。女工和童工的收入，比这还要少。工人的劳动时间，一般在十二小时左右，有些矿厂甚至长达十六至十八个小时。由于设备简陋，劳动条件十分恶劣，工伤事故层出不穷。抚顺煤矿从 1913 年至 1917 年的四年之内，发生工伤事故一万六千多起，死伤工人七千二百八十人。许多厂矿中还普遍地存在着把头制、包身工和养成工等野蛮的超经济的剥削，把工人的血汗榨得干干净净。在这期间，工人阶级所遭受的政治压迫也越来越重。工人本来就没有丝毫政治权利，军阀政府又颁布了一些像"暂行新刑律""治安警察法"等反动的法令，来严格限制工人的活动。同时，这些军阀还一贯用野蛮的血腥镇压的手段来对付工人的反抗。

在这期间，工人罢工的次数大大增多了。据统计，从 1912 年 1 月至 1919 年 5 月的短短七年半，发生了一百三十多次罢工，这比以往七十年里罢工的总次数还要多。这期间的罢工次数也有逐年增加的趋势，例如 1916 年为十七次，1918 年增加到三十次。

同时，罢工斗争的规模和激烈程度也远远超过了以前的罢工。

在这期间，工人为提高工资，缩短工作时间，改善工作条件，反对非人的待遇和野蛮的压迫，掀起了多次的反抗斗争。1915年4月，湖南乾城大王岩煤矿工人因要求增加工资和反对延长劳动时间而举行罢工，曾对军警和地主武装的联合镇压进行了坚决抵抗。同年7月，苏州全城三千丝织业工人要求增加工资，举行了同盟罢工，并组织了纠察队。1916年3月，北京政府财政部印刷局工人举行罢工，军阀政府派警察镇压。被激怒的工人群众捣毁印刷局，夺取警察枪械，进行抵抗。1917年7月，上海英美烟厂工人三千人，为反对减低工资而举行罢工，坚持了三个星期。

1915年反对日本"二十一条"抵制日货运动和1916年反对法国强占老西开做租界的斗争，是这一时期两次大规模的群众性的反帝运动。工人阶级在这两次运动中都起了主力军的作用，把运动推向高潮。在抵制日货运动中，全国各地工人先后举行了罢工和示威游行。上海所有在日本企业里做工的工人，几乎都参加了斗争。上海日商大阪公司和三井煤栈的码头工人举行了罢工，并散发了"不准给日商做工"的传单。工人抵制日货，也最为坚决而彻底。在反对法国侵占老西开的罢工斗争中，天津工人显示了工人阶级坚定和团结的力量。他们在罢工期间，组织了"工团"，成立了"工团事务所"，指挥罢工，领导示威游行。他们以一致行动，粉碎了法帝国主义的分化和破坏。法商电灯公司中国工人的罢工，使法租界"化为一片黑暗"，靠这个公司供电的工厂，也只得停工。在全国人民声援之下，这次罢工坚持了五六个月，沉重地打击了法帝国主义的侵略野心，迫使它最后不得不同意将老西开划为中法共管。

　　1912 至 1913 年间，在上海、武汉、广州、香港等地出现了最初的工会。1917 年，商务印书馆工人在罢工中，还提出要把"不得干涉工会活动"作为复工条件之一。在新民主主义革命时期，由于中国工人阶级和中国人民找到了解放自己最好的武器——马克思列宁主义，成立了中国工人阶级的先锋队——中国共产党，中国革命的面目便焕然一新。中国人民在中国共产党和毛泽东同志的领导下，经过长期的艰难曲折的英勇斗争，终于战胜了强大的敌人，取得了民主革命的伟大胜利，结束了一百多年来半殖民地半封建的旧中国的历史。从此，中国人民又进入一个崭新的历史时期——社会主义革命和社会主义建设时期。

（钟青）